# 親に 知っておいてほしかった「悪魔の口ぐせ」

“何気ないひとこと”で子どもに
一生残る傷をつけないために

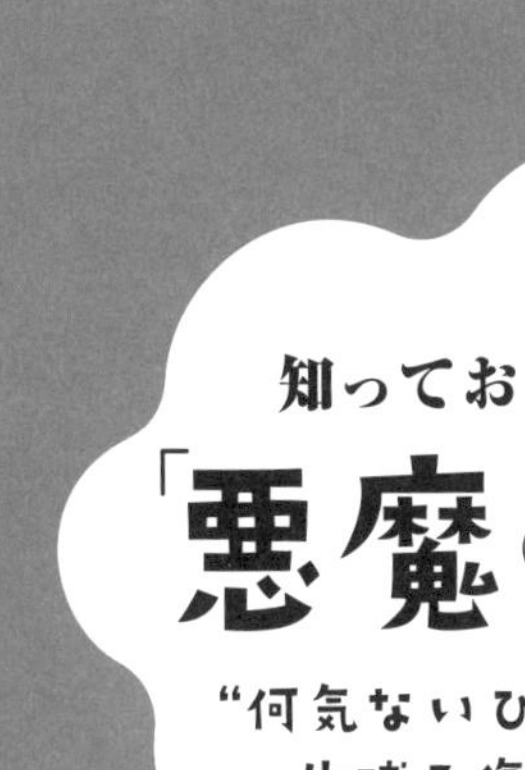

マザーズコーチングスクール代表
馬場啓介

あさ出版

# はじめに

２０１３年に立ち上げた、マザーズコーチングスクール。

その後の広がりは、自分でも驚くほどのものでした。

全国の各都道府県に認定資格者が誕生し、パンデミック前までは、１０００名を超える認定資格者が、毎日全国の10ヵ所以上の場所で講座を開講しているという状況が続き、今では多くの企業も〝ペアレンツコーチング〟として導入してくださり、男性も積極的に受講されています。

この状況に興味を持ってくれた大手教育会社の編集長と会食する機会があり、こんな質問をされました。

「私は何十年も子育てコンテンツサービスを見てきましたが、こんなにも母親に愛されて広がっているサービスを知りません。成功の秘訣はなんだと思いますか？」

私なりの考えはあったものの、「あなたはどう思いますか？」と聞き返したい気持ちを抑えていました。

するとその方は、そんな私を面白そうに見つめ、こう言ってくださいました。

「きっと、代表が子育ての正解を偉そうに語らない人だからでしょうね」

スクールビジネスの成長寿命は3年以下、特に子育てコンテンツは、本以外はなかなか人気が定着しないと言われる中で、マザーズコーチングスクールが多くの方に愛され広がり続けた理由は、〝子育てに先生はいない〟という考えが、我々の根っこにあるからだと思います。


多くの親が子育てに悩み、解決策を求めて本を読んだり誰かに相談をしたりしますが、結局のところ、

〝子育ては自分で考えて、自分でやりたい〟

という本能的な責任感があるのだと、私は考えています。

子育てには、正解もなければ、完璧な成功者もいないと思います。

「親」とは、無意識の言動や何気ないひとことで、子どもの可能性を簡単に奪うことができてしまう、怖くて難しい役目なのです。

このことを常に意識し、子育てについて危機感を持って考え続けることが何より大切な姿勢だと肝に銘じ、子育てコミュニケーションの面白さと怖さを伝えてきました。

その姿勢と実績が評価されたのであれば、これほど嬉しいことはありません。

本書では、マザーズコーチングスクールの認定資格者たちが、自分にとって悪影響だった「悪気のない親の口ぐせ」と向き合うところから始めました。

悪気のない、愛を根源とする言葉が、なぜ、子どもにとっては「悪魔のような言葉」になってしまうのか？　親はどうすればよかったのか？

人の可能性を最大限に高めていくコミュニケーションの専門家として、この問題を読み解いてみたいと思います。

みなさんにご注意いただきたいのは、本書で事例として紹介する「親の口ぐせ」は、言葉そのものに問題があるわけではないということです。

「私は、似たようなことを言われて楽になった」

という経験をお持ちの方も、当然いると思います。

同じ言葉でも、それまでの経緯やノンバーバルコミュニケーション（非言語コミュニケーション）によって、受け取る側の印象は大きく変わります。

「自分にとってはよくても、相手はそうではないかもしれない」

を大前提として、自分以外の人の視点を学び、視野を広げることが大切です。

ですから、（何がいけないわけ？）といった気持ちを一旦横に置いて、（こんな捉え方をする人もいるのか）という気持ちで、読み進めていただければと思います。

また、「同じようなことを自分もわが子に言っている」＝「悪影響を与えている」ではないことにも、注意をしていただきたいのです。

子どものためを思って繰り返した言葉が、なぜ子どもに「悪魔のような言葉」として伝わってしまったのか？　どうすれば、温かな言葉として伝えられたのか？

重くなりがちなテーマではありますが、楽しく読んでいただけるスタイルで解説しています。

ぜひ一緒に考えてみましょう！

## PART 03 私から「考える力」を奪った口ぐせ

PART 08

## 私から「自由」を奪った口ぐせ

PART 01

# 私から「自信」を奪った口ぐせ

生きていく上でも、コミュニケーションの土台としても、自分に自信を持つことはとても重要です。

私の主観も含まれていますが、ビジネスの場面、恋人・パートナー選びなど、「自信がある人」が選ばれる傾向が強いからです。


そうは言っても、「自信」という言葉はとても曖昧に使われています。

「自信がある人」と聞いて、みなさんはどんな人を思い浮かべますか？

過去の自慢話を語る人や偉そうな態度の人を、「あの人は自分に自信がある」と感じる方も多いようですが、私からすると、むしろ自信がないからそのような振る舞いになっていると感じます。


私が考える「自信がある人」とは、〝自分を信頼できている人〟。

そして、「自分との小さな約束を守れる人」です。

「ダイエットのために、3ヵ月、間食をやめよう！」

「本を1日30ページ読んで寝よう！」

「今年は、毎朝ストレッチをしよう！」

誰もが羨むような実績がなくても、自分で決めた日々の小さな目標をしっかり実行できれば、自然と、自信が伝わる顔つきになるものです。

では、それができる人とできない人の違いは、どこから生まれるのでしょうか？

それは、現代の教育で最も重要視されている「メタ認知能力」でも説明できます。

「メタ認知能力」とは、〝自己の認知活動（知覚、記憶、情動、思考など）を客観的に捉え、評価した上で制御できる力〟のことです。

私は「自分と信頼関係を築く力」とも表現していますが、「自分を客観的によく見て、自分と仲よく関わることができる力」とも言い換えられます。

自分のことを客観的に評価できて制御もできるわけですから、メタ認知能力が高ければ、「自分の決めた小さな目標を実行する力」は当然高いはずです。

ケンブリッジ大学Barbara Sahakian教授によると、人は1日に約3万5千回、自分に問いかけているそうですが、**自分で自分を応援し、最高の味方にできている人が、〝自信がある人〟**と言えるのではないでしょうか。

反対にメタ認知能力が低い人は、自分のことを客観的に評価・制御することが得意ではないので、何かやろうとしても、「自分にはどうせ無理」「私なんて……」「私はこんなものよね」などの思考が先行しがちです。

これでは、〝自分いじめ〟になりかねません。

メタ認知能力は、幼少期の親の接し方に大きく影響を受けると考えられています。

たとえば、

・できて当然だと言われてきたことができずに責められた
・何かに挑戦してうまくいかなかったとき、その失敗をわかっていたかのような態度をとられた

といった経験を何度もすると、子どもの能力の成長が妨げられてしまいます。

「なんでこんなこともできないの？」

「やっぱりね……」

「ほら、だから言ったじゃない」

　これらの言葉を口ぐせのように発してしまうと、子どもの自信の根っこが徐々に腐ってしまうかもしれません。

　では、次のページから、具体的な口ぐせを見ていきましょう。

# 「やればできる子」

まみこ（愛媛／なし）
※仮名（出身地／きょうだい）

やっと物心がついたぐらいの頃から、母に言われていた言葉です。

テストでいい点を取ったときは、

「ね？　あなたはやればできるでしょ？」

悪い点だったときは、

「やればできる子だから頑張って！」


自信をつけるために言ってくれた、励ましの言葉だったのかもしれません。そのおかげで救われてきたことも、たくさんあります。

自信をなくしたときは母の言葉を思い出して頑張り、成果も出してきました。親元を離れてからも私を支えてくれた言葉であり、いつしか私の口ぐせにもなっていました。

でも、仕事と育児の両立は本当に難しく、
「子どもの面倒を見てほしい」
と母にお願いすると、
「働くお母さんはみんなやってるよ。あなたもやればできる子なんだから、頑張って！」
と励まされ、苦しくなっていきました。

やればできるはずなのにできていないのは、まだまだ足りないからと、頑張り続けた結果、1年で10キロ痩せ、病気にもなりました。

そこでやっと、「やればできる子」を手放せた気がします。

いいえ……母の期待に応えられるよう、「やればできる子を演じてきた私」を手放せた気がします。

## 解説

性格によっては、プレッシャーになってしまう「悪魔の口ぐせ」だ。

よかれと思って親が伝え続けている言葉ほど、子どもにとっては「悪魔の口ぐせ」だったというケースは本当に多い。親子の絆は深く特別な分、何気ない言葉の影響はとても大きく、選ぶ言葉も難しい。

プレッシャーになる言葉は、「自信」を奪ってしまうのも残念だ。ただ、悪魔化させないポイントはシンプル。言いすぎないこと、そして、言葉にバランスをとること。「やればできる子」と褒め続ければ、当然、親から愛されるためには、そうでなければならないと無意識にでも思い込んでしまう。だから同じくらいの頻度で、「できないことだってある」「できることを伸ばせばいい」「笑顔を見せてくれるだけで幸せ」なども、バランスよく伝えていけばいい。

ネガティブに伝わってしまう言葉の力は、ポジティブな言葉の4倍力があると言われている。

**嬉しい言葉は、ネガティブな言葉の4倍伝えてトントンになる**と思って、言葉のバランスをとっていけたらいいね。

# 「人さまの迷惑にならないようにね」

ひのき（長野／兄・姉・妹）

真面目で責任感の強い母からよく言われていた言葉で、友達の家へ遊びに行くときなどに、特に強く言われていた記憶が残っています。

この言葉のおかげで、外で迷惑をかけることがないよう、気をつける意識を持てたように思います。

ですが、人に〝さま〟がついていたからなのか、自分よりも他の人が上だから、損をさせてはいけない。その分、自分は傷ついてもいいし損をしてもいい、と極端に受け取ってしまった面もありました。

たとえば、忘れ物をして友人に借りるとき、相手に迷惑をかけ、損をさせてしまっていると、過度に萎縮して申し訳ない気持ちになったのを覚えています。

自分が貸す側になったときも、我慢や損をさせられているような気持ちになってしまって、そのように感じることで、自分自身を傷つけていたようにも思います。


私のお守りとしての一面もあった言葉ですが、もし母の口ぐせが、

「自分も他の人も、大切にしてね」

といった言葉だったら、相手も自分も大切だと、自然に思えていたかもしれません。

これからは、私が母に、

「自分のことも大切にしてね」

と伝えていきたいと思います。

## 解説

早々に「悪魔の口ぐせ」の大御所登場。

「立派に正しく生きるべき」という、思い込みと責任感が強すぎる親御さんに多い口ぐせだ。

この影響で、大人になっても「人に任せる」ことに苦手意識を持ち続けている人が実に多い。そのような人は公私共に我慢することが多く、人間関係でストレスを溜めがちな傾向にある。小出しに吐き出すことも苦手だったりするから、溜まりすぎると爆発することも……。

さらに厄介なのが、〝天使の言葉〟である「助けて」が言えない大人になってしまうリスクがあること。

**迷惑をかけずに生きることよりも、時に迷惑をかけ合って、支え合って、許し合って生きていく方が、よっぽど健全で実りある関係性**だと思うな。

大丈夫、何度も口に出さなくても、その思いは親の背中から十分に伝わっているよ。

もう少し肩の力を抜いて、もっとゆるやかでいい。

それが、〝自分を大切にする〟ことになるね。

## 「正しい言葉を使いなさい」

えーすけ（長崎／弟）

言葉や物事の〈正しさ〉を大切にしている父。

母が行きたいお店の名前を正確に覚えておらず、うろ覚えのまま会話を始めると、

「わからないなら、ちゃんと確認してから正しい言葉でしゃべって」

と、いつもちょっとした説教になっていました。

私に対しても、小学5、6年生頃から同じような会話をしていました。

あるとき、私が駐車場の看板を見て、

「〝げっきょく〟（月極）って何？」

と聞くと、

「そんな言葉はない、正しい言葉を使って」

と言われ、読み方と意味を事細かに説明してくれました。

他にも、

「これ〝ごりえき〟(ご利益)ありそうだね」

と言ってしまい、

「もっと本を読んで、正しい言葉を覚えた方がいい」

と言われたこともありました。

私は思いついたこと、感じたこと、気になったことなどをすぐに話したかったのですが、

「正しい言葉を使って」「常識なのに、恥ずかしい」「それも読めないのか」「自分でちゃんと調べて」などと言われ続けた結果、

「この場合、正しい言葉は何かな。意味を間違えていないかな。間違っていたら恥ずかしいし、常識がないと思われるのは嫌だ」

と思うようになり、言葉選びに時間がかかるようになりました。

何気なく口にした言葉が楽しくない会話につながってしまうという経験から、友人との気軽な会話も苦手になり、会話だけでなく授業などでも、その場でわかったフリをすることが多くなりました。

父の口ぐせは、私の会話への苦手意識、学ぶ姿勢に対してマイナスの影響があったと感じています。

## 解説

こりゃ苦しかったな……。

えーすけさんの言う通り、人は正しくあろうとすればするほど、楽しくなくなるんだよな。

私は歌が好きで、うろ覚えの歌詞で歌っては、「パパ、歌詞が違うよ」と指摘されるのだけど、「歌詞なんかより、気持ちよく歌う方が大事だろ？」と、いつも言っている。「正しさ」より、大切なことがあるからね。

きっとえーすけさんのお父さんは、「正しさ」を「賢さ」だと思い込んでいたのだね。

〝賢くなるとは、優しくなること〟。

これはぜひ覚えておいてほしい。

# 「頑張ればなんでもできる」

ともか（東京／妹）

「人は頑張ればなんでもできる。できないと言う人は、最初から諦めているだけ」

物心ついた頃から、母のそんな口ぐせをよく聞いていました。

苦労が多い中、努力して道を切り拓いてきた母ならではの信念だったのだと思います。

この言葉が背中を押してくれたおかげで、中学生くらいまでは様々なことに挑戦し、結果が出るまで諦めずに取り組むことができました。

しかし、成長して世界が広がると、部活動や勉強において、どんなに頑張っても超えられない圧倒的なセンスや才能を持っている人を目の当たりにすることになり、「頑張ればなんでもできる」が、少しつらい言葉に変わりました。

それでも、頑張り続ければなんとかなるかもしれない。

この程度しか頑張れない私はダメな人間だ。

諦めるのはよくないことだと思いすぎて苦しくなり、何も手につかなくなった時期もありました。

今は、苦手なことは諦め、得意なことを伸ばせばいい、心が苦しくなるくらいなら投げ出してもいいし、誰かに頼ってもいいと思えますが、当時の私にはどうしても思えませんでした。

よく考えてみれば、母に「諦めるな！　頑張りなさい！」なんて直接言われたことはありません。

それなのに私は、そうでなければ母に認められないと、無意識に思い込んでいたのです。

## 解説

言葉そのものは、全く問題がない。

きっと親御さんは「努力の大切さ」を伝えたかったのだろうね。難しいのは、自分にプラスに響く言葉が、必ずしも子どもにも同様に働くわけではないってこと。親が好きな言葉でも、子どもには響かないどころかマイナスに働くことすらある。

**子育ての醍醐味のひとつは、「今は、子どもにどんな言葉がプラスに働くか？」を興味深く観察しながら、声をかけていくこと**なんじゃないか？

何はともあれ、子どもは、親に認められたくて必死に生きている。小さな子どもにとっては親こそ世界。親はとんでもなく〝大きな存在〟だと思っておいた方がいい。

ともかさんのケースは言葉の影響よりも、子どもが頑張っている姿をもっと褒めてあげられたらよかったかもしれないね。

「あなたも頑張ってるから、私ももっと頑張ろう！」

みたいにね。

## 「事故に遭ったらどうするの？」

なぽりん（兵庫／兄）

塾に通っていた頃、帰りに暗い道を通るため、母が車で迎えに来てくれていました。

電車で帰る仲のいい友達がいたので、「友達を駅まで乗せて行ってくれる？」と母に聞き、一緒に車に乗って駅まで送りました。

しかし、母の機嫌が明らかに悪く、友達と別れた後、私にこう言いました。

「友達のことを気軽に乗せようとするのはやめてくれる？　もし、乗せているときに事故に遭ったらどうするの？　夜だし、暗いし。本当に、もうやめてちょうだいね」

私は、友達のためにと思って頼んだのですが、

「そうか……母に申し訳ないことをしてしまったなぁ」

と胸が痛みました。

それ以来、母が塾に迎えに来てくれている間に事故に遭ったらどうしよう……と、いつも心配するようになりました。


私が運転免許を取得すると、母は私が車に乗ることを心配しました。

普段はそんなに心配性ではないのですが、

「もし事故を起こしたら、あなたは一生それを背負って生きていかないといけなくなる」

と言われるたびに、心がすくみました。

結局、免許は取ったけれど一人で運転することはなく、父や母を乗せて数回運転する程度でとどまりました。


現在、私はイタリア人と結婚してイタリアに住んでいるのですが、子どもの送り迎えはもちろん、車なしでは生きていけない日々を過ごしています。

母の口ぐせの影響から、運転するのが怖かったのですが、日本よりも狭い道で、車間距離をとっていればバイクがスッと入ってきてしまうという状況の中、泣きながら練習しました。

手に冷や汗をかきながらハンドルを握り、一度壁にぶつけてしまったときは、もう無理だと思いましたが、そこで義母が、

「最初からうまく運転できる人なんかいないわよ。そのうちできるようになるに決まってるじゃない」

と言ってくれて、私の心の中のブレーキが外れたように感じました。

今では、ミッション車の運転を毎日楽しんでいます。

## 解説

親の心配しすぎは、多くの「悪魔の口ぐせ」を生み出すからね。

毎朝「車に気をつけてね」などと、習慣的に伝えることは問題ではない。命に関わることを、常に意識させることは大事。

厄介なのは、過度な心配を口ぐせのようにぶつけると、子どもまでもどんどん心配性になってしまう点にある。

**親の役割のひとつは、子どもが勇気を出して挑戦できる心を育むこと。**そのために親は、いつでも帰って来られる「安心空間」をつくらなければいけないんだ。

その安心空間は、「心配」ではなく「信頼」でつくられる。

愛するとは「心配すること」ではないよ。愛するとは、「信じて応援すること」。

# 「一人でできる、しっかり者」

みーめ（群馬／弟2人）

小学生くらいから大人になるまで、よく言われていた記憶があります。

母は4人きょうだいの長女。真面目で面倒見がよかったせいか、早い段階から自分のことは自分でやるというのが当たり前になっていたのだと思います。早く自立しなくちゃいけない、という思いがあったとも、聞いたことがあります。

子どもの頃は、母の言葉が私に自信を与えてくれました。

しかし、時間が経つにつれ、一人でできないことは失敗、自分が劣っているからできない、と思うようになってしまいました。

「周りの人に頼ったり、助けを求めることで迷惑をかける」

「自分がしっかりしていない、未熟であると思われてしまう」

と捉え、焦りや自己否定を抱くようになりました。


〝一人ですべてをこなさなければならない〟というプレッシャーがあり、自分だけの力で解決できない問題にぶつかるたびに自分を責め、

（なんで他の人はできるのに、私はできないんだろう……）

という劣等感が常にありました。


自分の弱点や不安を、両親や親しい友人にも見せることができなくなっていきました。

相談はよく受けるけれど、自分の相談は誰にもしない。

周りには頼りになる、なんでもできる自分を演じ、すべて順調にいっているように見せかけることで、内面の葛藤を隠していたのかもしれません。

## 解説

子どもの頃は自信になっていた「天使の口ぐせ」が、成長するにつれて悪魔化するケースだね。

子育ての目的は「自立」とは言うものの、実は子育てでもっとも子どもに伝えなければいけないことは真逆にある。それは〝「助けて」が言える精神〟。特にこれからの時代はこれがより大切。

子どもの頃は、一人でできることを増やすように求められ、確かにそれは大事。ただ社会に出たら、実は一人だけでできることなど、ほとんどない。

大切なのは「任せること」「相談できること」「必要なときに『助けて』が言えること」。これらが苦手なまま親になってしまうと、こういう「悪魔の口ぐせ」をよかれと思って繰り返してしまう。

この口ぐせを悪魔化させないためには、「このことは、誰に相談するのがよさそう？」などの問いかけをし、〝誰かに頼ることの大切さ〟も同時に伝えていかなければならないってことだね。

# 「人に笑われるよ」

ぎりがにこ（島根／妹）

普段の会話の中で言われたり、両親や祖母、親戚同士の会話の中でもよく飛び交っていた言葉です。

そのような環境で育ったことから、

・人からどう見られているのか？→よく見えないとダメ
・人に与える印象がどれほど大切なのか？→影響力がないとダメ
・笑われるような人は、家族や親戚から弾かれる
・笑われるのは、惨めな人間である
・惨めそうな人のことは、笑っても許される

というような考えを、根深く持つようになりました。

なぜ家族・親戚の口ぐせになっていったのかを考えると、祖母の影響が大きかったかもしれません。

祖母はよく、「おばあさんは負けんかった、力仕事でもなんでもして子どもを学校に行かせた」と言っていました。飲んだくれの祖父に代わり、5人の子どもたちを「何くそ」という思いを抱きながら育て上げたそうです。

身内の背景を理解した今でも、人に笑われることは「惨めでダメなこと」と即座に連想してしまいます。

また無意識に、あの人は「笑われる人」、この人は「笑われない人」といったように、「人に笑われるような人かどうか？」を基準に、周りの人を決めつけがちになっていたと感じます。

そんな自分を恐ろしく惨めだと感じてしまうことも多く、今でも口ぐせの影響は大きいと感じています。

## 解説

「人に笑われるよ」は、マザーズコーチングスクールの講座内でも「NGワード」の代表例として伝えている。

子どもには、人に馬鹿にされないように生きてほしい。そうでないと自分もダメ親と思われてしまう。そんな気持ちはどんな親にだってあるはずで、自然なこと。しかしその思いを、子どもにどう伝えるか？　それがコミュニケーション力だ。

この言葉が悪魔の口ぐせになるのは、裏側にあるメッセージのためだ。その人自身が「誰かを笑っている」から、出てくる口ぐせだってこと。

「馬鹿にされていないか？」を気にして生きている人は、そもそも自信がなく、不安が強い人だったりする。安心するために、自分より劣っていると思う人にも敏感になるから、人のこともすぐジャッジする傾向がある。そして自信のなさや不安から出てしまう口ぐせは、子どもにもその感情を感染させてしまう。

何度も言うが、子どもは親が世界。**親が自信を持てていないと、子どもも自信が持てなくなってしまう**。

人に馬鹿にされたくないなら、堂々と自信に満ちた言動を心がけよう。

余裕のある人は、人に笑われることなんて気にもしていないしね。

PART 02

# 私から「私らしさ」を奪った口ぐせ

これまでの時代は「学生らしく」「社会人らしく」「女／男らしく」を大枠で定義し、それに合わせていれば、概ね問題なく生きていくことができました。

ですが価値観が多様化し情報が溢れ、コミュニティも、それぞれの趣味嗜好でどんどん細分化されているこの時代、「私らしさ」がとても重要となりました。

ここ1〜2年、企業向けの講演や研修で、「私らしい」「自分らしく」などのキーワードをタイトルやテーマに入れてほしいというご依頼が続いています。

**不要なストレスを感じることなく、心地よく成長できる環境を、自分で見極めて生きていく力**が求められるようになったわけです。

ただ、「私らしさ」という言葉は実に曖昧です。
そもそも「私らしさ」とは何なのでしょうか。
あなただったら、どのように答えますか？

ちょっと目を閉じて、「私らしさ」とは何か？　と考えてみてください。

1つ～2つくらいは思い浮かんだでしょうか。

では、その「らしさ」は、いったい誰が、何を見て判断したものなのでしょうか？

私の経験上、何かを選択・決断するときの基準を「私らしさ」とする人が多いですが、その「私らしさ」は、これからもずっと大切にすべきものなのかどうかも、しっかり見極めていかなければなりません。

なぜなら「私らしさ」は、人が成長していく上では、ときに自分の可能性を制限する足かせになることもあるからです。

親の口ぐせから考えると、

「あなたらしくないじゃない」

「あなたは優しい子！」

「あなたはいつもそう」

などの言葉は、子どもの「私らしさ」によくない影響を与える可能性があります。

私自身、「あなたは優しい子」と親に言われ続けてきました。その言葉は、今でも私のお守りとして、大切に心の中で生き続けていますが、同じような言葉に苦しんでいる人もたくさんいます。

「そんなことないのに……」「優しい子のひとことで、私をまとめないで」「優しくなきゃいけないの？」などと、苦しんでいるのです。

人には多面性があります。優しい面もあれば、冷たい面もあり、頑固な面もあれば、能天気な面、人に知られたくない一面だってあります。

すべての面が「私らしさ」であり、その面のバランスが、今の「私らしさ」なのです。

繊細な人は、「あなたは優しい子」と言われ続けると、冷たい一面があるのはいけないことだと考え、（これは私の悪いところなんだ……）（隠さなきゃ……）などと、自分の一面を否定して苦しんでしまうわけです。

結果的に自分を見失い、優しい一面だけを表に出した、不自然な仮面をかぶってしまう。

親の接し方として大切なポイントは、〝子どもの一面、二面だけを見て、決めつけないこと〟です。

冷たい一面があるから優しい一面が出せるように、どの面も否定することなく、バランスよく生きていけるように関わることが、親の務めと言えます。

そのためには、親自身が「親はこうでなければならない」という思いに囚われることなく、自分にもいろんな一面があることを受け入れ、自然体で子どもと向き合うことが大切です。

# 「あなたは優しいから、向いてない」

わらびもち（東京／妹）

中学3年生のとき、私は大学受験に向けて、進路の決定を迫られていました。

中高一貫校に通っていたので、高校進学時のクラス分けアンケートに、希望するコースを記入する必要があったからです。

一般受験をするならピアノをやめて予備校に通う、音大を受験するならその旨を学校の先生に報告するという選択で悩んでいた時期に、両親とピアノの先生に言われた言葉です。

両親も先生も、私がピアニストとして食べていけるほどの才能はないから苦労するだろう、もし夢をかなえたとしても、常にライバルと戦っていかなければいけないという厳しい環境が私には合っていないだろうと考えて、言ってくれた言葉だったのでしょう。
私は、一般受験を選びました。

親の思いに反発してまでやり遂げたい思いではなかったから？　と聞かれると、正直なところわかりません。

中学受験のときも音大附属校を考えたので、行きたい気持ちはあったはずですが、親を悲しませてはいけないという思いや覚悟のなさが、入り交じっていたのかなと思います。
親からの似たような言葉がけは他にもいくつかあり、自分への重りのように感じて苦しい時期もありました。

自分が高校生と中学生の子どもの親になった今、好きな道を歩んでほしいと思いながらも、つい同じようなことを言ってしまっていることに気づかされます。

## 解説

親は子どもの性格を一番わかっているようで、わかっていないもの。

親が知るわが子の性格なんて、ほんの一部分だと思った方がいい。それにどうしても、親は自分の性格と子どもの性格を重ねてしまう傾向がある。

わらびもちさんのケースも、親御さんが自身の経験と重ね、子どもが将来傷つくことや苦しむことを心配する思いから生まれた言葉かもしれないね。

結果的によい選択だったかどうかを、今、一切後悔がないことを指標とするなら、これは「悪魔の口ぐせ」だと言える。

「優しいから〜」は、親御さんのわが子を思う優しさから、何かしらの思いをオブラートに包んだのかもしれないが、子どもが反論しにくい分、タチが悪い言葉とも言える。

人の心は、傷つくことで磨かれていく一面も大いにある。そう考えると、〝**親に求められる優しさとは、傷つく可能性を回避させることではなく、傷ついた子どもを見守り続けていくこと**〟なのかもね。

# 「なんでもできる！」

みわみ（東京／姉・妹）

私は、しっかりものの姉と愛されキャラの妹に挟まれた三姉妹の真ん中っ子です。常に目立ちたくて、姉や妹と競うように一番を目指しては褒めてもらえるように頑張ったり、あえて悪いことをして注目を集めたりなどと、とにかく自分の存在を確かめるように、自己アピールに必死な子ども時代だった気がします。

器用な性質もあり、勉強もスポーツも、ある程度やれば平均レベルくらいにはできるタイプでした。

母は私の自己アピールに気づいていて、「なんでもすぐにできるね」「器用だね」「すごいね」と、たくさん褒めてくれていました。

そのおかげか、私も少しずつ自信が持てるようになり、自己アピールも和らいではいったものの、成長とともにできないこともあると知っていくと、私の中で母の応援の言葉を微妙に変化させて捉えるようになっていったのです。

中学、高校と進学するにつれて勉強は難しくなり、スポーツや私生活でも得意不得意が出始めました。

特に数学は苦手で、赤点をとってしまったときは、「やってなかったから」と言い訳をして、

（これは私には必要ない勉強だから）

と、最初から諦めるようになりました。

（本当はやればできるんだけど、私には必要ないから）

と、やらない選択をするようになっていったのです。

その後も、少しでも難しそうと感じたら、最初からやらない、もしくは手を抜いてあえて頑張らないというような行動に出ていたと思います。

「やればできるんだけど」

という言い訳が、私の中で悪魔の口ぐせになっていったのでした。

「なんでもできる」

そのお守りのような言葉が、いつしか〝できない自分〟を見たくなくて、〝できないなら、やらなければいい〟になっていったように思います。

大人になって、できない自分に何度も出会う中で、「なんでもできる」という母のメッセージは、根拠なく信じてくれていた母の愛として、私を支えてくれるようになりました。

## 解説

全く悪気のない、よく聞く「悪魔の口ぐせ」だ。親御さんとしては「天使の口ぐせ」だとすら思っていたかもしれない。この言葉が悪魔化するなんて、想像すらしていないだろう。だけど、意外とこれで苦しむ子どもが多い。

器用で出来のいい子が、周りから「もったいない」の言葉を浴びながらも、習い事などを途中でやめるケースがあるが、こんな風にいつも褒められている背景があることも少なくない。

器用でなんでもできてしまう子ほど、実は関わり方が難しい。

できるのが当たり前、褒められるのが当たり前になってしまうと、物事に対して飽きやすく、自分よりできる人と出会うと、〝なんでもできる自分〟を守るために言い訳を探してしまうことがある。

**子どもが心の底で求めているのは、親からの褒め言葉ではなく〝親からの興味〟**。

混在している人が多いが、よく考えてみてほしい、結構違うんだ。

みわみさんのケースも、親御さんからの「もっとできる自分」への興味を感じられていたら、「悪魔の口ぐせ」にはならなかったはず。

天使と悪魔は、紙一重ってことだね。

# 「誰に似たの？」

さくら（大阪／兄）

私のよくない行動や短所を指摘するときに、暗に父方の祖母（母にとってのお姑さん）に似ているという意味で、

「お母さんはそんなことしないのに、誰に似たの？」

と、よく言われました。

母は祖母と不仲で、馬が合わなかったのだろうと思います。

私が物心つく頃には、母は祖母のことが大嫌いなのだとわかっていました。

祖母は母に対して当たりがきつかったので、そのことで母が辛い思いをしていたことも

理解できます。

ただ、私の至らない点が母の大嫌いな祖母に似ていると言われるのがとても悲しかったし、祖母に対して複雑な感情を抱かざるを得ませんでした。

几帳面な性格の母に対して私は大雑把な性格なので、親としてマナーや生活面で教えたいこと、直した方がいいことを伝えたかったのだと思います。

特にマナーについて細かく注意されたことは、大人になって振り返ると感謝すべきところです。

自分が母親となった今は、子どもに対して、自身の嫌いなものを引き合いにして、当てこすりのような指摘をすることはしないようにしています。

何がよくないのかを伝え、親の価値観の押しつけになっていないかと考えることを、忘れないようにしています。

## 解説

「悪魔の口ぐせ」のスタメン。「自分と似ていない」だけでなく、大嫌いな人に似ているというメッセージまで乗せてしまっているので、なおさら悪魔的で辛かっただろう。

この口ぐせの根っこには、〝子どもは、自分に似ているはず〟という、親の思い込みがある。

**周りの人と信頼関係を築いていく上でもっとも大切なコミュニケーションの基本は、〝自分と相手は全く違う生きもの〟を大前提にすること。**「相手も同じ考えのはず」などの間違った前提を持つと、相手を決めつけることになり、自分と違う面を見つけると簡単に嫌いになってしまい、興味を持ち続けることもできなくなる。

親子関係でも同じ。その大前提がないコミュニケーションでは、絶対に信頼関係を築くことはできないと言い切れる。関係性が深まらないばかりか、喧嘩が起こりやすく、気持ちは離れる一方。確かに遺伝の影響は強く、特に隔世遺伝で似る部分が大きいことも近年証明されつつある。けれど人間は漢字の如く、人と人との「間」に存在している。**〝人との関わりのなかで、人間性はつくられていくもの〟**。どんな遺伝があろうとも、子どもの性格は、親との関係で土台がつくられていく。それは、忘れないでほしい。

# 「あなたはいい子だね」

おひさま（静岡／姉・兄）

小さい頃から、

「あなたはいい子だね」

と母から言われてきました。

母は、褒め言葉として言っていた言葉。そして、私も言われて嬉しい言葉でした。

だからこそ、いい子でいられるように頑張ろうと思えました。


私の家は自営業だったので、毎日いろいろなお客さんが来ます。そんなときに私がお客さんに挨拶をすると、母は決まって、

「○○さんがあなたのことを、とてもいい子だねと褒めてたよ」

と、後から私に伝えてくれました。

中学生～高校生になると、少しずつ変化が生じてきて、自分で何かを選択するときに、「いい子」という言葉が私の心を重くするようになりました。

「いい子じゃなきゃいけない」

「いい子は、こんなことしないかもしれない」

と、道を外してしまうかもしれないことを、とても怖く思う自分がいました。


そして母からの期待。母が思う理想の私への期待に応えたい自分と、応えられない自分。

その間でずいぶん悩みました。

いい子への呪縛は大人になっても根づいていて、いくつかの選択肢の中で、母親がいいと思うだろうものを無意識に選んでいることに気がつきました。

大人になっても母の口ぐせは続いていたので、思い切って母に、

「私のことをいい子だと言わないで。それがとてもプレッシャーなの」

と伝えました。

今では、母からその言葉を聞くことはありません。
少しずつですが、ようやく「いい子」から解放された気持ちです。

## 解説

うん。この典型的な「悪魔の口ぐせ」は、親なら絶対に攻略したい。

なぜ「いい子」だと褒めているだけなのに、悪魔化してしまうのか。それは「誰に対して？」が抜けているからだ。

子どもの頃は、ただただ親から認められたいから、その「誰に対して？」は「親に対して」だと自然と解釈し満足できる。そして、自分がやりたいこと、自分が楽しむことより「親が喜んでくれる選択」が正しいと、根深いところで考えてしまう。けれど大人になるにつれて「自分らしさってなんだ？」「私は自分の人生を生きているのかな？」みたいな問いに苦しむようになり、ミスチルの歌詞などに共感し、励まされるようになる。

**親は抽象的な言葉で子どもを決めつけない・褒めない・叱らないこと。**

私見だが、「いい人だよね」と言われる人は、モテない。その理由も「誰に対して？」が抜けているからだ。

「社会全体に対していい人」に、特別な感情は抱きにくいからね。

# 「根気強くてすごいね」

あくび（岡山／妹）

小さい頃から、祖母に言われていた言葉です。

習い事や縄跳び練習など、小さい頃の私はいろんなことを根気強く頑張っていました。

そんなとき、祖母から、

「いつも根気強く頑張っててすごいね」

と言われたり、周りの人に、

「うちの孫は何でも根気強く頑張るんです」

と言っている姿を見て、それはいいことなんだと思って育ちました。

社会人になり、働きすぎて身体を壊し、会社を辞めたいと思ったことがありますが、「辞めることは負け、恥ずかしいこと」と思い、辞める選択がなかなかできませんでした。

ようやく辞めた後も、なかなか気持ちが吹っ切れず、その会社に戻ることばかり考えていました。

## 解説

お祖母さんからしたら、「褒めているだけなのに」と思うかもしれないね。

これも「悪魔の口ぐせ」になるなら、褒めることも怖くなっちゃう人もいるかな。

でも大丈夫！　悪魔化してしまう褒め言葉には、わかりやすい共通点があるんだ。

**それは〝人格に触れる〟こと。**

「褒め」言葉も、「責め」言葉も、人格に触れてはいけない。「優しい子だね」「ズル賢い子だな」などは、まさに人格に触れていて危険。

あくびさんのケースでは一見人格に触れている言葉には聞こえないかもしれないが、本人には性格の一面を越えて「根気強い子」という強いメッセージが伝わっていることがわかる。

ではどうすればいいか？　それは、もっと具体的に限定して伝えればいい。

「そういうところ、優しいね」

「あれは、ズル賢い行動だったよ」

あくびさんには、

「根気強さもあるんだね。だけど、無理はしないようにね！」

というひとことが添えられていたら、よかったね。

# 「とにかく、英語は勉強した方がいい」

てつこ（神奈川／弟）

父からよく言われた言葉です。

父は外資系の会社に勤めていたせいか、英語で苦労していたようでした。だから、子どもには苦労させたくないと思っていたのでしょう。

高校のコース選択のとき、父から「英語コースに進んだ方がいい」と言われました。当時の私は英語が好きではなかったし、どちらかというと苦手だったので普通コースに行きたかったのですが、嫌だとは言えず、英語コースのテストを受けました。

その後、大学の進路を決めるときも、

「英語が学べる学部がいいんじゃないか？」

と父に言われるままに、英語関連の学部に行くことになりました。

本当は文学部に興味があったにもかかわらず、父の意見に反対する強い意志が自分になかったのがよくなかったと思います。

無事大学は卒業しましたが、いまだに英語は苦手ですし、英会話はほとんどできません。

## 解説

「将来自分と同じ苦労をしないように……」という思いから出るアドバイスは、「悪魔の口ぐせ」になりやすい。

子育ては本当に難しいし、思い通りにはいかないものだよね。

親御さんの思う正解は、きっと正しいのだろう。ただその正解通り生きたとしても、その子が魅力的な大人になる保証はないし、本来の魅力を失うことの方が多いように思う。

〝**人は自分の意思で行動し、遠回りや後悔を経験することで、深みと味が出てくる**〟。苦労をすることは、決してマイナスなわけではない。とは言え、子どもが好き勝手に生きているのは心配でしかない。自分とタイプが違うとなおさら。

そこで大切なことは、〝**親が一緒にやること**〟だ。英語の勉強も「将来苦労するからやっておけ！」ではなく、親が楽しそうに子どもの隣でやってみせてほしい。

子どもはいい意味で「今」を生きていて、「今」夢中になれることを優先するもの。将来の心配は尽きないが、親も子も、〝今をしっかり味わって生きる〟ことで、未来は自然と拓かれていくという視点も知っておこう。

# 「らしくないね」

しなもん（神奈川／兄・妹）

母親や先生から、よく言われていた言葉です。

私は兄妹がいる真ん中っ子で、よく言えばのびのびと、悪く言えばあまり構ってもらえずに育ちました。

その分、「何でも自分でやらなきゃ」「誰かに頼って面倒をかけてはいけない！」と思う癖がついて、親や先生からも、「この子は放っておいても大丈夫なしっかり者」と思われていたように感じます。

でも、もちろん失敗もするし、思い通りにできないことも多々ありました。

そんなとき「らしくないね」と言われると、そのたびに「私らしさを勝手に決めつけないで……」と、心の中で悲しく思っていました。

本来の私は、のんびりしていて、抜けているところもたくさんありました。

でも、それを言うこともまた、「らしくないのだろうな……」と思い、笑ってごまかしていました。

「らしくないね」と言われないように、無理に私らしくないことをして、「勝手に決められた私らしさを壊したい！」と思う心が生まれてしまったのは、マイナスな影響だったと感じています。

ただ、父親は私の気持ちに気づいていたようで、私の抜けているところを微笑ましく見てくれて、ときには面白く突っ込んでくれていました。

そのおかげで安心感が得られ、「みんなにわかってほしい」とは思わなくなりました。

自分が親になった今は、「らしくないね」はもちろん、「らしいね」「○○っぽいね」も、言わないようにしています。

## 解説

「悪魔の口ぐせ」の代表格！　この「らしくない」っていう親の口ぐせに苦しむ子どもは実に多い。

本章の冒頭でも伝えた通り、人は多面性を持った生き物。しっかりした面があれば抜けている面もあり、それは当然のこと。いくつもの面があるから、誰かにとって「あなたらしい一面」が見えるってこと。

子どもは親から人格を「らしさ」として決めつけられてしまうと、その他はダメな面だと思い、自分の一部を否定し隠そうとしてしまう。その結果、自分が何者かわからなくなり、個性を失っていくことさえある。さらにそんな自分でいるのが苦しくなり、非行に走る子も珍しくない。優等生だった子ほど、反動が大きく歪みがちだったりする。

しなもんさんのケースでお父さんがしてくれたように、〝親は子どもの様々な一面に気づき、認めてあげることが大切〟。それは言葉では難しいから、親自身がそうであることを、時に堂々と見せてあげることも大切だね。

PART 03

# 私から「考える力」を奪った口ぐせ

私の職業であるコーチとは、「コーチング」という対話手法を用い、相手の内側から相手のベストな答えを引き出す専門家です。

スポーツの指導者をイメージする方も多いですが、「コーチング」においては、コーチは具体的な指導（アドバイス）は行いません。

その「指導（アドバイス）をしない」コーチングが、ビジネスや教育の現場にどんどん導入されているわけですが、その理由は時代背景にあると考えています。

多様性の浸透に、ＡＩの爆発的な進化も加わり、教育、働き方、生き方も必然的に変わらざるを得ない状況となりました。

これまでは教科書に書かれていること、上司に言われたことを理解して実行し、結果を出した人が優秀と判断され、豊かな生活を送ることができていましたが、「過去のうまくいったやり方」だけでなく「昨日までの常識」も、凄まじい勢いで正解ではなくなる時代に突入しました。

そのため、〝世の中の変化を柔軟にキャッチしながら、自分で目標を定め、自分で問いを立て、自分で出した答えを信じ、試行錯誤を繰り返しながら結果が出せる人が、現代における優秀な人〟と言えるでしょう。

そこでより一層求められるようになったのが、コーチングというわけです。

「どんな目標に向かうか？」
「どんな問いを立てるか？」
「その答えをどう考え、どう実行するか？」
これらを相手から引き出すのは、まさに私たちコーチの専門分野です。

私もコーチとして独立した際、自分の目標を達成していくために一番時間をかけたのは、〝問いを立てること〟でした。

そのときに立てた問いが「どうしたらもっと稼げるか？」「どうしたらもっとクライアントを増やせるか？」などだったら、約20年間、第一線で活躍することはできていなかったと思います。
実際、そのような問いで十分な活躍ができなかったコーチをたくさん見てきました。

私が最初に考えた問いは、
「どうしたら、コーチングをまだ知らない人たち、特に子育て世代や子どもたちにも届けられるか？」
というものでした。

その結果、マザーズコーチングスクールを立ち上げ、全国規模を超えて、世界9ヵ国に認定資格者がいる状態にまで広がり、これまで5万人以上の方に届けることができました。

子ども向けでは、絵本『鏡の中のぼく』を制作し、今では100校を超える小中学校で授業や講演をさせていただき、全国1200の園（幼稚園、保育園、こども園）に、絵本のポスターが飾られていて、コーチングを届ける活動を応援していただいています。

〝質の高い問いは、質の高い行動を生み出し、多くの人の信頼を集めて応援してもらえる〟

と、私自身も実体験として感じています。

そのため「質の高い問いを考え出せれば、自分らしく、心を満たして生きていける」と考えており、ぜひみなさんにも実践してほしいと願っています。


では、「考える力」はどこで差が生まれるのでしょうか？

それは、やはり幼少期の親の影響が大きいと考えています。


「勉強したの？」

「あれやった？」

「将来のためになるから、これをやりなさい」

「それは違うよ！　こうやりなさい」


など、先回りするように（自分が安心するための）確認をし、（親にとっての）正解のアドバイスを、口ぐせのように言い続けていませんか。

これらをよかれと思って言い続け、愛情の証だと思い込んでいるのなら、少々見直しが必要かもしれません。

少しでも思い当たることがあれば、ぜひ一度本気で考えてほしい問いがあります。

「愛とは何か？」


このままだと問いが大きすぎて考えにくいので、

「自分が親から愛を感じた行動はなんだったか？」

で考えてみましょう。


どうでしょうか。すぐに思い浮かぶ方もいれば、なかなか出てこない方もいると思います。少し時間をとっても難しい場合、「愛」を別の言葉に変換して、

「親とのつながり・安心・信頼を感じたのは、どんなときだったか？」

で考えてみるのもいいかもしれません。

ここで言う「親」の定義は、〈自分の身近にいて育ててくれた大人〉です。

「愛」こそ、最も定義が難しい曖昧な言葉だと思います。だから、「これは愛からの言動なのか？」を見定めることもとても難しいのです。

「愛」を盾に〝先回り〟や〝正解の決めつけ〟を繰り返し、子どもの考える力を奪ってしまってはいませんか？

その言動は「愛からか？　不安からか？」という問いで見直してみることもお勧めです。

この機会に、ぜひ一緒に考えてみましょう。

# 「勉強しなさい!!」

はづき（高知／妹）

小学生のときから勉強が苦手で、母にはよく「勉強しなさい!!」と口うるさく言われ続けていました。

母自身、学歴がなくて苦労したようで、娘に同じ思いをさせたくないという気持ちが強かったからなのか、

「今頑張らないと、将来絶対苦労するから」

と、よく言っていました。

母子家庭だったこともあり「父親がいないからこんな子になった」と周りから言われな

いように、母なりに必死なのだと子ども心に感じていて、長女としてしっかりしなければとも思っていました。

2歳下の妹は「そんなこと一度も言われたことないよ」と言っているので、長女への期待が大きかったのかもしれません。

テストの点が悪かったときには一方的に叱責され、母が付きっきりで、泣く泣く勉強させられていたものです。

そんな状態で勉強しても成績が上がるはずもなく、勉強が嫌いになっていきました。

母の口ぐせで私の自己肯定感は下がり続け、〝勉強できない私はダメな子〟〝運動もできない、何のとりえもない子〟というレッテルを自分に貼り続けていました。

「自分ができなかったことを私に押しつけないで」

「何を言っても聞いてもらえない」

という母への反抗心が高まり、思春期に大爆発。

自分自身を否定されることへの恐怖、自分を認めてくれる家族以外の他者への依存が強くなっていき、今でも、大事なことほど家族には話せません。
自身の子育てにおいても、母を反面教師にしていることが多いと思います。

## 解説

はづきさんのケースは、典型的な「悪魔の口ぐせ」による残念な結果だ。「自分みたいな苦労をしないように」という、子を思うからこその考えが、もっとも強力な悪魔の口ぐせを生み出しやすい。

ここまで読んでくれている方なら、その理由はもうおわかりだろう。

子どもの頃は、親がすべて、親が世界。〝**親が自分自身を否定するような行為は、子どもを否定しているのと同じ**〟だからだ。この「悪魔の口ぐせ」に心当たりがある方は、はづきさんのエピソードに出会えたことを幸運だと思ってほしい。

「勉強しなさい」はどんな親でも言いたくなるし、言ってしまう言葉だが、仮に言う通り勉強したとしても〝自分で考える勉強〟ではなく、〝終わらせる勉強〟を始めることになる。子どもは、親から見放されないため、親から孤立しないために必死で生きている。そのことだけは忘れずに、「勉強しなさい」よりも、たくさんの承認の言葉を伝えよう。「あなたは私に似て、とっても魅力的」だっていい。それに、子どもなんて、ちょっとしたきっかけでガラリと変わる。憧れの人、好きな子に出会えたら、急に勉強だって頑張りはじめるしね。

まずは親が自分を愛し、その愛で子どもと「信頼関係」を築くことからだ。

# 「ちゃんとして」

おつきみ（埼玉／兄2人）

来客の多い家庭で育ち、兄が2人いるにもかかわらず、私だけが手伝わされていました。

母から常に、

「ちゃんとして」

と言われ、挨拶やおもてなしのできるよい子であることを求められていました。

思春期になると、（なぜ私だけがそう言われるの？）（何が〝ちゃんと〟なの？）と疑問を持ちながらも口に出すことはできず、ただ心の中で不満を抱えていました。

耐え続けてきた不満がついに爆発したのは、父方の祖父母が田舎から泊まりに来たときです。ちゃんとしなくてはいけないというプレッシャーに耐えかねた結果、愛想のない、不機嫌な態度をずっと貫いていました。

祖父母が帰った後、今までにないくらい叱られましたが、私は謝るどころか余計にふてくされ、その後しばらく、両親とうまく会話ができなくなってしまいました。

## 解説

「ちゃんとして」は、ワースト5に入る「悪魔の口ぐせ」。かなり曖昧な言葉だし、「ちゃんとしていない人」だと人格否定されている気もして、言われる子どもはきついよね。それにお兄さんたちには言わないところから、「女はこうあるべき」という親御さんの決めつけを感じて、より違和感があったことだろう。親御さんは「ちゃんと」の内容を、わかりやすく丁寧に伝える責任があったわけだ。

他にも、同性きょうだい家庭に多い「悪魔の口ぐせ」として「お姉ちゃん（お兄ちゃん）はできたのに」もよく聞く。〝**親がきょうだいを比較してネガティブな発言をするのは、絶対にNG**〟だ。人はつい誰かと比較して、自分のことをいろいろと考えてしまうものだが、その傾向が強い人ほどストレスを溜め、心の病にもかかりやすい。そんな思考を植えつけてしまう親の口ぐせは、本当にタチが悪い。

〝認められたい人（親）〟も〝育つ環境〟も同じきょうだいは、一番比較されたくない存在であることを、親はしっかり理解した上で関わる責任がある。厳しいと感じるかもしれないが、〝**ネガティブな比較発言は虐待**〟だと思ってほしい。

# 「○○はダメだ、嫌いだ」

かすい（宮崎／姉・兄）

「○○はダメだ」や「○○は嫌い」が父の口ぐせでした。

意思がはっきりしている強さを尊敬していましたが、私自身の好き嫌いは、父の好き嫌いに大きく影響を受けていると、大人になってから気づきました。

たとえば、父はあるプロ野球チームのアンチだったのですが、私自身、特に何も嫌な理由はないのに、そのチームには無意識に嫌悪感を抱いたりします。

家庭の中では〝父が絶対〟という雰囲気があり、父の意見に反対することもなく、（お父さんがそう言うのだから、そうなんだ）と思っていました。

今思い返せば、父は、

「○○は、△△だから、嫌い」

と理由も言っていたので、（私はそう思わないから違うな）などの判断をすることもできたと思いますが、当時は無条件に受け入れてしまっていました。

今でも、父の影響が強く残っていると感じます。

## 解説

親の好き嫌いは、子どもに感染するんだよね。正確には好き嫌いが似るというよりも、好き嫌いを見る視点と基準が似てしまう。親子なら自然なことではあるけど、かすいさんのケースのように違う意見が言いにくい雰囲気があると、子どもに好き嫌いの物差しを押しつけてしまい、考える機会を奪ってしまう。そして何より、好き嫌いが激しい環境で育てられると、すべてのものを好き嫌いで見て、すぐジャッジしてしまうようになる。

**コミュニケーション力の基礎は、自分と相手は違う考えを持っていることを前提に、ジャッジせずに話を聞けるようになること**だから、好き嫌い発言は「悪魔の口ぐせ」と言える。ただ、「私はこの人のここ好きだな……」「友達のあんなところが好きだな」などと、具体的に好きなところを言葉にする親を見て育つと、人の長所をよく見られるようになる。なので、かすいさんのお父さんも、「嫌い」よりも「好き」なことについて具体的に言及し、嫌いなチーム（人）の好きなところまでも話せていたら、「天使の口ぐせ」になったのかもね。

〝**人を「好き嫌い」でジャッジしない心は、好かれる人間の共通点**〟だからね。

# 「どこに行ってたの？　誰と行ったの？」

いちか（愛知／妹・弟）

電車通学に憧れて、少し遠くの学校に進学した高校時代。

「今日は帰りに友達とご飯を食べて帰るから、夕ご飯いらない」

などと、自由を謳歌していました。

特に隠すようなことはしていなかったものの、帰宅後、「どこにご飯食べに行ったの？」「誰と行ったの？」という母からの質問にうんざり。

尋問のように根掘り葉掘り聞かれることを、すごく面倒に感じていました。

それから30年。自分の息子が高校生になり、週末によく友達と出かけるようになりました。事前に誰と一緒に行くか聞いていなかったときは、つい帰宅後に「誰と行ったの？」と聞いてしまい、

「あー、母と一緒だなぁ」

と、心の中で苦笑いをしています。

高校生当時の自分は、なぜ聞かれたくなかったのか。

今振り返ってみると、私は「どこで何していたの？」という言葉とともに、〝あなたのことを信用できない〟という非言語メッセージを受け取っていたのかもしれません。

それでも気にはなるので、反抗期真っ只中の息子には、ひとりごとのようにつぶやいてみたり、「どこでご飯食べたのー？」と、友達との会話のノリで聞いてみたりしています。

自分が嫌な思いをしたから聞かない、ではなくて、答えたくなるような質問を考えようと思っています。

## 解説

ついつい聞いてしまう、多くの親にとって避けては通れない口ぐせ。

シンプルに今日の出来事の話がしたいだけで、監視、管理のつもりはなくても、子どもには「うざい」と思われてしまう質問だ。それは、まさに「信頼されていないのでは？」と感じさせてしまうから。

それを回避するには、日頃から「信頼」が伝わる言動を増やせばいい。そうすれば同じ質問をしても、うざがられず、子どもも答えやすくなる。

大人同士でもそうだが、〝**良好な人間関係を築く鍵は、聞かなくていいことはなるべく聞かないこと**〟。他人の世界に土足でドタバタ入り、余計なことを聞く人ほど避けられていく。これができるかできないかが、コミュニケーション力のひとつ。

親子でも同じで、日頃から余計なことを極力聞かないようにすれば、信頼感が増し、子どもが話したいことは聞かなくても自然と話してくれるようになる。

特に思春期の頃は、このことを意識して、親は自分の話を楽しそうにするといいのかもね。

# 「今日、どうだった？」

こたまま（富山／兄2人）

私が小学2年生から始めたスポーツは、週5日、夜に練習がありました。

母は、練習が終わる30分前に、必ず練習を見に来ていました。

練習が終わり帰宅する車の中で、最初にかけてくる言葉が、

「今日、どうだった？」

ただ、理由はわかりませんが、いつも帰宅時は母がイライラしているのが伝わってきて、

〝イライラさせないような話をしなければ〟と考えながら会話をしていました。

母がご機嫌であることが何より重要だと、小学生ながらに感じていたのかもしれません。本音では嫌で仕方ありませんでしたが、とにかく母の機嫌を取ろうと頑張っていました。

私がどんな言葉を返しても、母のイライラを解消することはできなかったので、次第に適当な会話でその場をしのぐことが習慣になり、同級生や友人との会話さえも、当たり障りのない相槌と会話になっていきました。


その習慣は、高校の部活動などでもマイナスになっていたようで、顧問の先生に「仲間と適当な会話をするな！」と言われてしまいました。

高校生になっても母からは相変わらず、

「練習、今日、どうだった？」

と聞かれており、最終的にそれがストレスになって、大学でも続けるつもりだった部活は高校でやめることを決断しました。

この経験をきっかけに、「人の機嫌に左右される自分は、かっこ悪い」と、ずっと思うようになりました。

## 解説

染みるね。多くの人が共感する話ではないだろうか。決して当たり障りのない会話だけをしたいわけではないものの、そうする癖ができている大人は本当に多い。

「この人、いつも適当な会話ばかり」と思うことがあったら、もしかして幼少期にこんな背景があったのかも、と思うと少し愛おしさが湧く。

これは、誰もが言ってしまいがちな悪魔の口ぐせだ。悪気なんて微塵もない。たいていの場合、「話を聞かせて」という意図しかない。しかしながら口ぐせになってしまうと、子どもにとっては本当にうざい。

では、この質問の代わりは何なのだろうか？

「つかれたでしょ？　ゆっくり休んで」「顔色悪いけど大丈夫？」「今日、肉じゃがだよ！いっぱい食べてね」でいい。

**子どもは、親の愛さえ感じていれば、話すべきことは話す。**

けれど単なるルーティンのように聞かれたら話す気もなくなるし、特に思春期には親からのアドバイスに対して「よく知りもしないくせに」と、妙にイラつくものだ。

子どもが親に気を使って適当な会話をしてしまうようになることだけは、避けたいね。

# 「先に○○しておきなさい」

わかひがく（熊本／妹）

母は、とにかく早めに物事に取り掛かることを、息子の私に口をすっぱくして伝えてきました。

それは、学校の宿題や提出物、誰かに何かを伝えることなど、多岐にわたります。

後から大変な思いをさせたくなかったのだろうと思います。

私自身も特に嫌悪感を抱くわけでもなく、「確かに早めの方がいいかも」くらいの気持ちで、母親の言う通りに、するべきことは早めに取り組んでいたように思います。

小学校時代からサッカーに打ち込んでいた私は、できるようになったことや、活躍した話などを両親に話すのが好きで、それを聞いた両親が喜んでくれることも、とても嬉しく感じていました。

ある日の部活終わり、どうしても褒めてもらいたいと思うことがあり、早く話したくて一目散に家に帰り、夕飯の支度や、妹の世話でバタバタしている母親を引き留めるように、話をし始めました。

すると母親は、

「そんなことより、先にお風呂に入ってきなさい。その方が楽でしょ」

と私に言いました。

きっとまた喜んで褒めてくれるだろうと思っていた私は、自分の気持ちを蔑《ないがし》ろにされた気がして、その場で号泣したことを覚えています。

母親も忙しかったのは、よくわかっています。

いつも通り、早めにするべきことに取り掛かるよう促された言葉だったのですが、強い疎外感があり、自分の心が追いつかなかった記憶があります。

## 解説

効率的に物事を進めたい気持ちが強い親御さんに多い、「悪魔の口ぐせ」だ。

早めに済ませた方が後々楽なことはわかっていても、なかなかできない人は多い。

そういうタイプの人は、それで特に困っていなくて、後からバタバタすることをそこまで気にしていなかったりする。

わかひがくさんのケースで悲しいと思ったのは、子どものことよりも、親御さん自身の価値観を優先した点だ。

〝一見子どものためのように思える言動でも、自分の価値観を優先しているだけ〟、ということは意外と多い。親側にそんなつもりがなくても、子どもには伝わり、その積み重ねで親の愛を判断していたりする。

この親御さんも、心に余裕があるときだったら、

「あなたの話をちゃんと聞きたいから、先にお風呂入ってきて」

などと言えたのかもしれないね。

# 「△型の人は変わり者」

ほいろ（福岡／兄）

私の母は、物事を決めつけてかかるところがありました。

「△型の人は変わり者なのよ」と聞かされ、子どもの頃の自分は「そうなんだな」と、自分の中でも決めつけていたところがあったような気がします。

一般的に、血液型などによる性格の分類パターンがあることはわかりますが、それが絶対ではないし、個人の性格はそんなに単純ではないと、今では理解しています。
△型の人は私の周囲にたくさんいましたし、夫も△型です。
夫は自分の血液型について、一般的にあまりよいイメージがないと思っていて、血液型の話を嫌っていました。

今では母がその話を始めると、こう言うようにしています。

「そういう傾向はあるかもしれないけれど、そうとも限らないよ」

私も母になりましたが、子どもには血液型など、先入観で人を判断するような話はしないようにしています。

## 解説

人をタイプ分けすることで安心する人は実に多い。子育て系のコンテンツでも、「子どものタイプを知ろう！」的なものは人気がある。タイプを知れば、確かに対策は練りやすい。けれど、人は80億人いれば80億通りの傾向がある。それは、〝関わっている人がそれぞれ違うから〟だ。クローン人間でも、関わっている人が違えば変わってくるだろう。それが、〝人と人の間に存在する人間〟という生き物だ。

そして〝**人間関係で一番肝心なことは興味を持ち続ける視点**〟。

「あの人はこのタイプだから」と決めつけていると、その人の新しい一面を見つけることが難しくなり、次第に興味・関心が薄れがちになる。特に成長期の子どもは、性格や思考パターンが驚くほど変化していく。その眩しい変化を、日々興味を持って見守ることが「悪魔の口ぐせ」を生み出さない秘訣だ。

人に対してのタイプ分けだけでなく、物事への感想を「〇〇系だね」「〇〇っぽいね」と答えがちな人は、自分を見直すことをおすすめする。〝自分の言葉で考える力がない人〟だと思われ、二度と意見を聞かれなくなるかもしれない。

とにかく、人を決めつける発言は、子どもの前ではやめよう。

# 「本当なの？」

すずみい（茨城／弟）

中学生の頃、母は私に様々な疑いを持っているかのような言葉をかけることがよくありました。

その背景には、親の間ではあまり評判のよくない友達と私の仲がよかったことがあり、母の中で、そのような友達とは関わってほしくないという気持ちが強くあったように思います。

ある日、その友達と一緒に遊びに行くと伝えたら、「行ってはダメ！」と強く言われて遊べなくなったことがありました。それ以来、その友達と遊ぶときは、別の子の名前を使い嘘をついていましたが、母にバレてしまい、それからは誰かと遊ぶときに名前を言っても、「本当なの?」と言われ続けました。
私は、(嘘はつきたくない、でもつかなければ遊べない)という複雑な気持ちで過ごすことが多くなりました。

高校生になると、母の心配事は〝評判のよくない友達〟から〝男友達〟に変わり、疑うような言葉はさらに増え、男友達とグループで遊ぶことすら許してもらえないほどだったので、彼氏ができても母に嘘をつき続けていました。

娘の思春期に、もちろん心配事はたくさんあったと思いますが、「もっと私を信用してほしい」という気持ちをいつも感じていました。

## 解説

これね。親としてはとても難しいケースかもしれない。一度嘘をつかれてしまうと、なおさら、親としては聞かざるを得なくなる。やめられない、止まらない。かっぱえびせん系悪魔の口ぐせだ。

このケースはどうしたらよかったのか？　ひとつよいお手本がある。

「あなたが好きな友達なら、お母さんも好きだよ」

これは私の母の口ぐせだった。私も子どもの頃、大人の間では評判がよいとは言えない友達がいたが、この口ぐせのおかげでその子のことも母に話すようになった。母は笑顔で聞いてくれ、「〇〇だけはしないようにね」という注意を、私もしっかり守っていた。

私自身も「馬場くんとは遊ばないで」と友人の親に言われる、評判が悪い側の子どもだったことがある。幼心にも傷ついたが、同時に（うちの母っていい人だな）と思ったこともよく覚えているし、そんな母が好きだった。親子関係は、こういうやりとりで信頼関係が築かれていくものなんだよね。

PART ● 04

# 私から「楽しむ力」を奪った口ぐせ

多くの人が大人になるにつれて失いがちなものの中で、最も残念なのが「楽しむ力」や「好奇心」だと思っています。

もちろん、いくつになっても持ち続けている人はいて、コーチとしてこれまで様々な魅力的な人と向き合ってきましたが、共通点は一つ、〝人生を楽しんでいる〟でした。

誤解しないでもらいたいのが、その魅力的な人たちは、楽しいことや好きなことだけをやっているから、人生を楽しめているのではありません。

〝**自分のこれからの人生（未来）に常に好奇心を持っているから、どんなに大変なことがあっても、楽しめているのです**〟。

子どもの頃は、誰もが自分の未来に好奇心を持っていました。

サッカーチームで試合に出られない補欠の子も「将来はメッシみたいなプロサッカー選手になる！」と自信満々の笑顔で言い、毎日楽しそうに練習をしています。

ところが大人になるにつれてその好奇心は徐々に減り、私の感覚では35歳前後になると、多くの人の目の輝きが弱まり、人生を楽しめなくなっているように感じます。

おそらく、仕事や家庭の環境も定まりつつある年代で、これまでの人生の流れと周りの人の状況を見て「私の人生はこんなもの」と悟りはじめてしまうからでしょう。

人生で二度死ぬと仮定したら、この瞬間が一度目です。


では、自分の未来に好奇心を持って人生を楽しめている人と、そうでない人は何が違うのでしょうか？

それは〝人の目を気にしてきた数〟と〝決めつけの数〟です。

周りがやっていることを常に気にして、人と比較し、誰かからの評価を人一倍意識してきた人ほど、自分への好奇心を早く失っている傾向が強いです。

また、自分は「こうでなければならない」「こうあるべき」が強い人も、人生を楽しめていない人が多いと感じます。


そしてこの思考パターンも、幼少期の環境でつくられていくことが多いものの一つです。

「○○ちゃんを見習いなさい」

「みんなもやってる？」

「お兄ちゃんなんだから」
「あれはダメ、これもダメ」

身近な大人が悪気なく比較したり決めつけることで、何をやっても（これでいいのかな）と不安定になり、〝自分を生きる感覚〟を失ってしまいます。

**今の〝興味関心〟が、他人の模倣や流行に偏っていると感じたら、「楽しむ力」の見直しのチャンス**だと思ってください。

# 「女も手に職を」

きりん（静岡／妹2人）

将来の夢の話や進路の話になると、母は決まって、
「これからの時代は、女も手に職を!!」
と言っていました。

三姉妹の長女だった私も含めて3人とも、母の願いどおり、国家資格を取得して大人になりました（助産師、看護師、保育士）。

子どもの頃には全くわからなかったのですが、この口ぐせには、女性の社会進出が注目

されていたという時代の価値観や、母自身のキャリアが強く影響しているようでした。

母は高卒から一般職で就職し、結婚を機に退職、専業主婦で子育てに専念した後の復職で悩んでいたと言います。

「資格さえあれば、何があっても自立していけるから！」

と、よく口にしていました。

私が進路を決める際、母の口ぐせをマイナスと捉えることもなく、そのとおりだなと共感する部分もあり、母に言われたからというより自分で選んだ職だと信じていました。

ただ、可能性という視点で考えてみると、資格職以外への選択肢を最初から断ち切ってしまっていたので、かなり狭めてしまっていたと思います。

また、私が海外に移住してアイデンティティ・ロスに悩んだときには、

「あれは、本当に自分の選択だったのか」

という思いがこみ上げてきました。

## 解説

子どもの将来を思って親が言うことの9割は、きっと正しい。けれど前に書いたとおり、**正しく生きようとすると、楽しくなくなるのが人生だ**。世間的に正しく生きようとすると、つまらない退屈な人にもなりやすい。

人は不思議なもので、正しく生きている人を「誠実」だとか「真面目」だと称賛し、あるべき姿だと考える割に、実際は「社会の正しさを無視する人」に魅力を感じたりする。**親が考える正解は〝将来の苦労を減らすための正解〟であっても、必ずしも〝人生を豊かにする正解〟**ではないってこと。

きりんさんのケースは、「自分の選択肢が狭まった」と感じさせてしまったことも、残念な点。何かを選ぶとき、一番大切な「楽しさ」「やりがい」を重視せず、「安定」だけで選んでしまうと、最後に残るのは「もっと冒険すればよかった」という〝悪魔の遺言〟だ。8割近くの人が、死ぬ前に考えることとも言われている。

「手に職を」と思って生きていても、想像をはるかに超えるAIの進化で、職業もどんどん変化していく。

今は、親も正解が全くわからない時代。子どもの将来を心配するなら、過去の常識を捨て、〝一緒に考える横並びのスタンス〟で関わっていけるといいね。

# 「大変だったでしょう」

あつこ（大阪／妹）

母に言われ続けている口ぐせです。

幼い頃から何かあるたびに、

「大変だったでしょう」

と、労《ねぎら》いの気持ちを込めて言ってくれていた母。

その言葉は優しさと捉えていました。心配してくれているのだから、ありがたいと思っていました。

違和感を覚えるときもありましたが、愛情から言ってくれているのだからと、自分を納得させていました。

「新しいクラス、大変だったでしょう」

「運動会、大変だったでしょう」

本当は（そんなことないのに）と思っていても、違う意見を言うと母の機嫌が悪くなるので、「うんうん」と答えていました。


「発表は大変だったでしょう」

「友達と遠出するのは大変だったでしょう」

「○○は大変だったでしょう……」

そう言われ続けるにつれて影響され、「私がやっていることは、大変なことなんだ」と捉える機会が増えていったように感じます。

その口ぐせが私にとってどうマイナスだったかと言うと、「大変だからやめておこう」と、何かと無難な選択をするようになったことです。

それが、母の安心にもつながると感じていました。


先日私が、あるママ友を労う気持ちで「大変だったでしょう」と言ったとき、「そんなこと言われるなんて、ショック」と言われました。

人をそんな気持ちにさせてはじめて、何の疑問も持たず、口ぐせの一つとして使っていたことにハッとしました。

## 解説

これは、悪魔の口ぐせコレクターとしては、興味深いケースだ。

確かに「大変だったでしょう」という労いの言葉も、口ぐせのように何度も言われると（自分は大変な目に遭っていたのか）と思いはじめ、しまいには（大変なことはしない方がいい）とも、捉えはじめてしまうのだろう。

さらにその口ぐせがうつってしまうと、誰かが自分のために好きでやってくれたことに対して、ありがとうという気持ちで「大変だったでしょう」と言いかねない。あなたに喜んでほしくてやったことが、「そんな大変なこと、しなくてよかったのに」という意味で受け取られてしまうかもしれない。

労いや感謝の気持ちを伝えたつもりが、お互いに残念な結果になってしまうケースだ。

でも、一度でも友人にはっきり言ってもらえたのはラッキーだ。

あつこさんのお母さんにも誰か言ってくれる人がいて、それに気づくことができていたら、お互いにハッピーだったかもね。

# 「お姉ちゃんでしょ」

あかり（愛知／弟・妹）

三妹弟の長女だった私が、親から言われて嫌だった口ぐせに、

「お姉ちゃんでしょ」

がありました。

弟が生まれて、何かあるたびに「お姉ちゃんでしょ」とか「お姉ちゃんだから」と言われるようになり、妹が生まれてからは、さらに姉としての役割が求められ、子ども心に（好きでお姉ちゃんに生まれたわけじゃない）（弟や妹ばかり親に甘えてずるい）と思っていました。

妹は、何歳になっても末っ子だからという理由で親に甘やかされているように感じ、(私がその年齢だったときには、もう何でも一人でやっていたのに)と不満もありましたが、長女として弟や妹のお手本にならなければいけないというプレッシャーもあり、お姉ちゃんだからしっかりしないといけない、お姉ちゃんだから我慢しないといけない、お姉ちゃんだから甘えてはいけない、と言い聞かせていました。

そして「お姉ちゃんだから」という言葉が、次第に自分を縛る呪文のようになっていきました。

その結果、学生時代は人の面倒を見たり、相談に乗ることは得意でしたが、自分より他人の意見を優先してしまったり、他人の評価を気にしてしまうことが多かったように思います。

大人になってからは、長女として親に頼られることも増え、子ども時代に感じていた葛藤はなくなりましたが、二児(姉妹)の母となった今、長女に対して「お姉ちゃんでしょ」「お姉ちゃんだから」とは決して言わないと心に決め、いつも名前で呼ぶようにしています。

## 解説

これは、お姉ちゃんあるあるだ。
長女、長男ほど〝しっかりしなければいけない〟という思い込みが強くなり、周りの目を気にしすぎたり、相談が苦手になったりする。自分が楽しむことより、周りを楽しませることばかり意識してしまい、甘えるのが下手でストレスを溜めやすい。そして何より、適当にやるのが苦手にもなる。

現代社会では、実は「適当さ」はとても重要だ。「適当」と「雑」は違う。**適当とは、無理をしないことであり、〝よい心の状態を維持できる程度〟**だと思ってほしい。何事もしっかり完璧にやろうとすると、必ず適当を超えてしまう。近年は心の病気も増え、5人にひとりが患うと言われている。その最大の原因も「適当」がわからなくなるからだろう。

お姉ちゃんは立場的に損に思うことがあったり、寂しさを感じやすいかもしれない。だからお姉ちゃんには、陰でたくさんご褒美をあげるのがいい。今の時代、長男長女のみならず、生真面目な性格の子どもには、「なんとかなるさ」「これでいいのだ」「ほどほどにね」を口ぐせにして伝えてもいいかもね。

# 「ちゃんと全部食べなさい」

ゆうか（東京／弟）

食事のたびに、母親から言われていた言葉です。

「食事は、出されたものは全部食べる」、これがわが家のルール。

「全部食べられたね！　すごい！」

と褒められると、とても嬉しかったことを覚えています。


小学校低学年頃までは、このルールを比較的素直に受け入れ、苦手な魚や野菜も頑張って食べ切っていました。ですが、心と身体が成長するにつれて、自分の体型が気になり始めます。

高学年になると、周りの子と比べて10㎝以上身長が高くなり、体重も急激に増えました。

（私がこんなに大きいのは、食事の食べすぎなんじゃないか？）と思い、「食事の量を少し減らしてほしい」と母にお願いしましたが、受け入れてもらえませんでした。

ある朝、仕事で早く出かけた母が、朝食として大きなおにぎりを2つ用意してくれていました。

（せっかくつくってくれたんだから、食べなきゃ）

（でももうこれ以上大きくなりたくない、食べたくない）

（ちゃんと全部食べないとお母さんに怒られる）

いろいろな思いや感情が、自分の中を駆け巡りました。

最終的に私は、おにぎりを2つとも食べずに捨ててしまいました。

それも、家のゴミ箱に捨てたら母にバレてしまうと思ったので、おにぎりを袋でグルグルに包み、当時住んでいたマンションの共同ゴミ箱に捨てたのです。

その後は、母にひどいことをしてしまった後悔で自分を責めながらも、必死でバレないように取り繕うという、苦しい日々が続きました。

## 解説

子どもは、愛してくれている親に嘘をつくのが、本当に辛いんだよね。
だから、子どもに嘘や隠しごとをさせてしまう口ぐせは、結果的に「悪魔の口ぐせ」になってしまう。

本書に出てくる「悪魔の口ぐせ」も、人によっては「天使の口ぐせ」であったりするように、子どもによって違うだけでなく、そのときの状態によっても変わってくる。だから、何より大切なのは、**子どもは日々変化するものだと思って、よく観察し、〝小さな変化〟に気づけるように心がけること**だ。

その意識があれば、ゆうかさんのケースのお母さんも、子どもの変化に気づけたはず。間違いなく、笑顔に小さな変化があったはずだ。

幼い頃から食事のマナーを厳しく注意する親御さんは少なくない。しつけや成長も大事だけれど、まずは「食事って楽しい」という気持ちを育むことからなんじゃないかな。親がもっとも大切にしたいのは、子どもの笑顔だからね。

## 「安定して働き続けられる仕事につく方がいい」

みかん（広島／妹）

母は、私を出産後に看護師になった努力家で、国立の病院を定年後も再就職して働き続け、ずっと看護師の仕事をしている自分を誇りに思っていました。そんな母を私も尊敬していたし、母の助言は私にとって大切なものだと思っていました。

母の言葉をお守りにし、医療系専門職につくことになった私ですが、出産を機に退職することになり、そのときに、

（収入も安定した職場を辞めるなんて、私はおかしいのかな？）

（手に職があるのだから、絶対にその仕事に復帰するべきなのでは？）

と、自分自身のキャリアの在り方に葛藤することになりました。

母の言葉が私にとって、もしかしたら（悪魔の口ぐせだったのかもしれない）と気がつきはじめたのです。

その後コーチングに出会い、自分の本音と向き合って、

（画家になるという夢をかなえたい！）

と本気で思うようになったときでさえ、「絵では食べていけない」と言われたことを思い出して、

「頑張って取った資格や安定した仕事を捨てて、夢を追いかけようとしている自分は間違っているのかな？」

と、なかなか一歩を踏み出せませんでした。

母は幼い頃に母親を亡くし、ずっと貧しい中で育ってきたと知り、その経験から得た母にとっての正しさなのだと、今では理解していますが、自分が〝よかれ〟と思っている発言が、場合によっては相手を苦しめることもあるのだと、改めて感じました。

## 解説

とても共感できるエピソードだ。

私の父も、女手一つで育てられた背景から「夢を語るのもいいけど、まずはお金をしっかり稼ぎ、家族を守るのが父親の務めだ」が口ぐせだった。

鹿児島の田舎町で、産婆さん（助産師）として24時間必死で働く母親の姿を見て育った父は、人一倍「堅実な人生」にこだわっていたと思う。

だから私は起業して生活が安定するまでの3年間、会社勤めをしていると父に嘘をつき続けた。大好きな父に嘘をつくのは初めてだったため、とてもしんどい3年間だった。

ただ、それでも私が父親の口ぐせを悪魔化せず、夢を追いかけることができたのは、父親の口ぐせの〝裏側にある思い〟を感じとっていたから。

本当は父だって祖母だって、夢を追いかけたかったはず。ならば私がそれを実現させ、生活を安定させることができたら、それ以上の親孝行はないと考えたのだ。

今では父は、私の本を誰よりも多く購入し、人に配り、付箋がびっしり貼られた本を手に感想を伝えてくれる。そんな父は私にとっての誇りであり、心のお守りだ。祖母も天皇陛下から勲五等を授与されるほど社会に貢献しており、家族の誇りとして、今も心の中で凛と生き続けている。

「女も手に職を」の口ぐせとも共通するが、親の価値観で考える「安定した仕事」は、子どもが大人になる頃にはガラリと変わっているだろう。仕事に限らず、人付き合いや生活環境など、多くの常識もだ。みかんさんのケースでは「安定して働ける仕事についた方がいい」だけではなく、親御さん自身がそう強く思うようになった理由や背景まで伝えることができていたら、与える影響も変わったはず。

自分と子どもは違う人間であることを前提に、一度でも、一緒に人生について深く語り合える時間があったら、よかったのかもね。

# 「みんなもやってることでしょ！」

かおる（岩手／姉）

母は何かと、

「みんなもやってることでしょ！」

「みんな言ってたよ」

と言う人でした。そのため、子どもの頃の私は「みんなやっていること」であれば「やらなければならないこと」、みんなが言っているのであれば「正しいこと」だと思い込んで過ごしてきた節があります。

でも、母の過ごしている世界はとても狭く、親しい友人が言っていたことを「みんな」と言い換えていたことに、大人になって気づきました。

母に悪気はないですし、その友人のことを尊敬しているから、そのような言い方になっていたのだと思います。

考え方は三者三様。

私も母親になりましたが、そのような言い方を娘にはしないように、心がけています。

## 解説

出ました！　マザーズコーチングスクールの講座でも、「みんなやってるの？」の発言の怖さがよく取り上げられる。

「みんなと同じ＝安心」「みんなやっている＝安心」。その軽薄な安心を積み重ねて辿り着くところは、卑劣な痴漢が絶えない満員電車に乗って通う、人を人として見ない職場だ。みんなやってるから、誰かをいじめてもいい。みんな見て見ぬふりをしているから、そのままでいい。みんな持ってるから、私も買わないと話についていけない。そうやって自分がやりたくもないこともやる破目になり、みんなが楽しいことが自分の楽しいことだと、簡単に自分を見失っていく。

これからの教育は、ＡＩの進化でガラリと変わる。これまでみんながやってきたことを続けていくと、みんなでひとりぼっちになってしまうかもしれない。

けれど、**みんなと一緒が悪いわけではない。問題は、自分で考えなくなり、自分の感性を失っていくこと。**一度きりの人生を、自分らしく、思いっきり楽しめなくなること。

親が一番望まない、子どもの未来だ。

# 「〇〇って思われたらどうするの、きちんとしなさい」

おはぎ（北海道／妹・弟）

周りからどう思われるか、常に人の目を気にする性格の母でした。

母は、厳しい上下関係の中、人の目を気にしなければならない環境で生活をしていたので、その影響が大きかったのかもしれません。

たとえば、特に目上の人や年上の人に対して、「敬語を使わないといけない」「失礼がないように」「きちんとしなさい」などの意識が強かったように思います。

子どもの頃はあまり影響がなかったと思うのですが、大学生になり大人扱いされる年齢になると、社会人の方や、年上の先輩方とお話しするときには、（失礼のないようにしなきゃ！）と極度に緊張し、萎縮し、思うように話せなくなっていました。

就職試験のときも、ある程度まで面接が進んで役員面接となると、萎縮や緊張でうまく話すことができなくなり、自分を出せるようになるまでには時間がかかりました。

## 解説

厳しい上下関係の世界で生きてきた人は、「気を遣う」ことを叩き込まれるように学ぶ。

私も幼稚園から高校まで剣道を習っていて、礼儀と上下関係に厳しい世界を生きてきた。

ただし、「礼儀」と「顔色をうかがう」のは別物。先輩に敬意を払うのは大切だが、先輩がどう思うかと顔色をうかがう必要なんてない。私は、後輩に下手な気を遣わせないことが、あるべき先輩の姿だと思っている。

これは職場でも親子関係でも同じだ。

**上司なら部下に、親なら子どもに、顔色をうかがわれるような言動をとっていたら失格**だと思ってほしい。

「〇〇って思われたどうするの?」という口ぐせは、子どものための教育ではなく、親の不安の表れとして、子どもに伝わってしまう。

礼儀正しさの重要性を伝えたいのであれば、〝あの人の素晴らしいところを見習おう〟といった言い方をすれば、不安ではなく敬意の視点を学べたはずだね。

# 「何のために〇〇をさせてきたと思ってるんだ」

まろん（奈良／妹）

父はよく働く人で、朝早くに家を出て夜遅くに帰宅し、母がつくった夕飯をおいしそうに食べながらビールを飲む姿が印象的でした。いつも優しく穏やかでしたが、ときどき短気な面を見せる父でした。

私が小学生の頃、年に数回、父の会社の保養所へ家族で行っていたのですが、そこの大広間にある白いグランドピアノを見るたび、父は私に「せっかくだから一曲弾いたら」と言いました。

私は小さい頃からピアノを習っていたので、よかれと思ってのことだとは思いますが、全館に響き渡るピアノを弾く勇気はなく「恥ずかしいから嫌だ」と断っていました。

なかなか弾こうとしない私の様子を見て、父は、

「何のためにピアノを習わせてきたと思ってるんだ！」

と叱りつけ、私は半泣きで一曲弾き、ダッシュで部屋に戻るということが何度かありました。

ピアノを習わせてもらっていることには感謝していましたが、人の前で見せびらかすように弾くためではなく、自分がピアノが好きだからだと思っていたので、父本位の言葉にいつもがっかりしていた覚えがあります。

## 解説

これは、数回言われた言葉が、ずっと頭から離れなくなるタイプの悪魔の口ぐせだ。

子どもの習い事に、「せっかくやってるんだから、もっとアピールしないと」と言ってしまう親は多い。

何事も、〝子どものやる気以上に期待してしまう行為は、子どもから楽しさを奪ってしまう〟。楽しさを忘れて、親の期待に応えようと頑張ったことは、結局長続きはしない。頑張って続けても、そこに楽しさがないと、習い事で得られる〝一番大切な力〟まで奪ってしまう。

その力とは、〝自分で探究する力〟。「やらされた努力は、努力ではない」という漫画（『メジャー』）の名セリフもあるとおり、子どもの習い事を応援するときのポイントは、子ども自身が「楽しさ」を持って続けられるよう見守ること。

「蝶を夢中で追いかけていたら、山頂にいた」（スタインベック）が、人生の理想だしね！

PART 05

# 私から「愛する勇気」を奪った口ぐせ

「考える力」の章で「愛」について少し触れましたが、愛は親子のコミュニケーションの鍵ですので、もう少し深掘りしていきましょう。

親子のコミュニケーションが最も難しいと言われる理由の一つは、〝親が子どもを愛している状態〟からスタートしているからです。

これまでの人間関係を思い出してみてください。

出会った瞬間に愛情を感じる相手など、性別関係なく、ほぼいませんでしたよね。

お互いを知っていく過程で、愛情や友情が芽生え、互いに信頼するようになり、関係を育んでいく、というプロセスを辿ってきたと思います。

ところが親子関係は「愛が芽生える」ステップを最初からクリアしている（ということになっている）ため、つい「信頼」を築く努力を怠ってしまうのです。

コミュニケーションの土台は「信頼」です。

**「愛」と「信頼」はセットではないので、親子関係でも信頼を築く努力をすることはとても大切**なのです。

極論的ではありますが、信頼関係さえしっかりと築けていれば、何を言っても言わなくても許される、と言ってもいいと思います。

何でもかんでもハラスメントになってしまう近年の風潮は、人と人との信頼関係が以前より弱くなっていることも大きな要因だと、私は危惧しています。

昔、ある友人の結婚式で、新婦の父親がこのように言いました。

「実は娘とはもう何年も口を利いていません。けれど、この場で言わせてください。私は誰よりも娘を愛してきた自信があります」

娘である新婦は父親の言葉に涙し、式場内のいたるところからすすり泣きが聞こえていましたが、私はとても胸が痛くなりました。

〝愛していることを言い訳に信頼関係を築く努力を怠り、かけがえのない娘との時間を無駄にしてしまった〟と思えてならなかったからです。

愛の反対は、批判でも否定でもなく、無関心。

どんなに愛していても、相手に無関心と伝わってしまっては本末転倒です。

例外もありますが、基本、親からどれだけ愛を感じたかが、どれだけ人を愛せるかに比例しています。

人を愛することに不器用で不安が多い人は、幼少期に親からの愛を感じなかったケースが多いのではないでしょうか。


「ちょっと待って」「(ため息)」

「あっそ」「どうせやらないでしょ」

「私みたいにならないでね」「今のままだとパパみたいになるよ」


子どもに対してこのような発言が頻繁になると、「あなたに無関心」というメッセージが伝わってしまいます。

「ちょっと待って」の何が悪いの？　と思った方も多いと思います。

言葉自体は全く悪くありませんが、これを口ぐせのように使っていると、子どもは「拒絶されている」と感じるものです。

実は「ちょっと待って」は子どもにうつりやすい口ぐせの一つで、子どもも自分を守るために「ちょっと待って」や「(ため息)」を親より先に使うようになるのです。

本当に待ってもらう必要があるときは、「2分後に聞かせてね」「これが終わったらそっち行くね」と、具体的に伝えれば問題ありません。

「ちょっと待って」を相手が口ぐせと思うほど頻繁に使うと、残念な発言になってしまうのです。

また、親が自分自身やパートナーを愛せていない発言が多いと、子どもは「自分も愛されていない」と感じてしまうものです。

「パパは何もわかってない」「ママのせいで遅れた」「あの人にはどうせ無理だよ」など、批判的なニュアンスで子どもに聞かせてしまっていませんか。

**子どもにどんな言葉で何を言うかの前に、親がどんな心の状態で、どんな背中を見せら**

れているかが重要です。

言葉は、言の葉。

どんな土壌で生み出すかが大切です。土壌とは〝親の心の状態〟でもあります。

**親自身が自分に期待し目標に向かって努力していないのに、子どもにばかりに期待するのは、下手をすると教育虐待**になりかねません。

繰り返し伝えていますが、小さい子どもにとっては、親が世界。親は分身です。

親が自分自身やパートナーを軽視した言動を繰り返していたら、子育て本から仕入れた「教育にいい」とされる言葉をいくら口にしたところで、何も伝わりません。

親自身が、自分を愛し挑戦し続けている背中を見せることで、「あなたならできる」「もっと頑張ろう！」「大丈夫！」といった励ましの言葉が、子どもの心のお守りになるのだと、私は信じています。

# 「何にも話してくれん」

ちょこ（愛媛／兄）

私は、小さい頃はよくしゃべる子どもだったそうです。

でもある頃から、

「この子は、何にも話してくれん」

と親に言われるようになりました。

決して口数が少ない子だったわけではなく、男子小学生らしく、学校では友達とゲームやアニメなどの話をして、先生ともよく話していました。ただ、「困ったな、どうしようかな」というとき、誰にも言い出せないということはありました。

両親は共働きだったので、下校後は一人で過ごしたり、飼っている犬と遊んでいる時間が多かったです。親が帰宅すると、学校からの連絡などは伝えていましたが、一日のできごとや、一緒に見ているテレビ番組などについて、家族で話す時間はあまりありませんでした。

ときどき親から何か尋ねられることがあっても、すぐに答えなかったり、最小限の返答をすることが多かったのですが、今思うと、親と話すことを〝照れくさい、恥ずかしい〟と感じていたからのように思います。

そんな私に、母はよく、

「何にも話してくれん」

と言っていました。私があまりにも話さない姿を見かねた父親が、

「話してくれんのやったら、もういい！」

と怒ったときがありました。

（なぜ怒られなければいけないのか）

（親と話さない自分が悪いのか）

と、私は涙がこぼれ、ますます話せなくなってしまいました。

## 解説

これは切ないケースだね……。

**「子育ては長い時間一緒にいればいいわけではなく、限られた時間の中でもいかに効果的な会話ができるかが鍵」**、これが私の伝える子育てコーチングのコアメッセージ。多くの夫婦が共働きの現代社会では、子どもと一緒に過ごす時間が十分ではないと感じている親も多い。ただこれに罪悪感を抱いていては、仕事も子育ても中途半端になってしまう。

子どもが話したいときに、あまりそばにいられない親は、このちょこさんのエピソードから多くを学ぶ必要がある。

「何も話してくれない」なんてことは、絶対に言ってはいけない。

**子どもは何も話をしないことで、多くのメッセージを発している**。まずはそんな心の声を聞く力が親御さんに必要だったケースだ。せめて「お母さん、〇〇のこともっと知りたいな」と、頭をなでながら一度でも言えたらよかったのかもね。

## 「どうせお母さんは……」

みたらし（北海道／妹・弟）

私の母は、目指していた難関校に見事合格したものの、余命宣告をされたほどの重い病気になり、志半ばで退学してしまったそうです。

そのせいか、

「どうせお母さんは何も成し遂げたことがない。何もこの世に残せていない。でも、そのおかげで早く結婚して、あなたたち（私や妹・弟）に出会えたことは感謝している。大病して命は助かったけど、子どもは産めないと当時お医者さんに言われていたから、本当に奇跡だと思う」

とよく言っていました。

「どうせ……」という言葉、落ち込んだときに、私もよく自分に対して思っていました。

同時に、自分の悪いところばかり見る癖もついたように思います。

また、周りの人から自分のよい部分を褒められたりしても全然そう思えなかったり、お世辞で言ってくれているとしか受け取れませんでした。


とは言うものの、母は頑張り屋さんだし、家のことをしっかりやっていたよな……と、自分自身が主婦や子育てを経験して、その偉大さや優しさを改めて感じています。

## 解説

どんなに優しく立派な親であっても、絶対に子どもの前で、〈どうせ私なんか……〉〈ママなんて……〉など、自分をさげすむ発言だけはしてはいけない。

その理由は、何度も言っているように、子どもにとって親がすべて、親が世界だから。親がダメなら、自分もダメなんだと、本能的に思ってしまう。

それは、親が自分自身をさげすむ言動だけではない。〈母親が父親を〉〈父親が母親を〉馬鹿にしたりするのも同じ。

子どもにとって、親は自分なのだ。

そう考えると、**子育てで一番大切なことは、何を言うかでも、何をさせるかでも、教育にお金をかけることでもなく、親が、楽しそうに生きている背中を見せること。**

キラキラした目で挑戦し、失敗と成功を子どもたちに語ることが何より素晴らしい教育になる。**親が自分を愛し、人生を楽しんでいる姿を見せることで、子どもに〝自分を愛することの大切さ〟を伝えていく。**それが子育ての真髄だ！

# 「〇〇なんだから」

みみっく（愛媛／妹）

最初は一人っ子で過保護気味に育ちましたが、小学校入学後に妹が生まれたことで妹中心の生活に変化し、「お姉ちゃんなんだから……」と、よく言われました。

聞き分けよく、従順さを求められる中で、〝主張しない、望まない〟ことが自分にとって一番の安全策だと感じていました。

今も、感情の記憶とともに覚えているシーンがいくつかあります。

・ベビーカーを押す母の手を触ったところ「お父さんと歩きなさい」と払いのけられ、父には「お姉ちゃんなんだから一人で歩けるだろう」と言われ、手を引っ込められました。

自分が要らない子になったみたいで、とても寂しい気持ちになりました。

このときの寂しさを鮮明に覚えているので、母親になった私は、次男を産んでからは長男と一緒にベビーカーを押すようにし、「お兄ちゃんなんだから」の言葉は絶対に口にしないと決めたのです。

・妹の出生祝いのぬいぐるみの熊が可愛くて撫でようとしたところ、母に「これは妹のでしょ！　もうお姉ちゃんなんだから」と叱られました。ちょっと撫でようとしただけだったのに、反論もできず、悔しい思いをしました。

・進路を決める時期になると、「どうせ女の子なんだから」「長女なんだから」と、早くも将来の結婚に有利な条件として、成績も学歴も「ちょうどいい」を求められるようになりました。

自分の存在が無意味で、価値がないもののように思え、反発したところで何も変わらないと、悶々とした日々でした。

親や周りへの言い訳〝～だから、～する〟を探さないと、興味・関心・情熱だけで行動できない、この思考の癖と自己肯定感の低さから抜け出すのに、随分時間がかかりました。

## 解説

前章にもあったように、どの家庭も長女はより多く「悪魔の口ぐせ」を浴びている傾向がある。悪魔の口ぐせコレクター的には、世界中の長女のみなさんにこの本をプレゼントしたいぐらいだ。

ちなみにこの本の編集、構成サポートを私の実の姉に依頼した。わが家の長女である姉なら、私以上の思いで取り組んでくれると思ったからだ。案の定、姉は、物すごい熱量で取り組んでくれた。

思い出すと、私の姉もよく「お姉ちゃんなんだから」と言われていた。「お姉ちゃんなんだからお手本になりなさい」「お姉ちゃんなんだから譲ってあげて」「お姉ちゃんなんだから任せたよ」。私はその「悪魔の口ぐせ」に甘えて育った弟だ。

親は「〇〇なんだから」の多用はNG。せめて「お姉ちゃんには後でお礼をするから譲ってあげて」など、時に「お姉ちゃんだから」を特権のように使えていたらよかったケースだ。

ここでちょっとした姉弟エピソードを。

小学生のとき、姉と留守番をした日のこと。その日は風が強く、姉は当時住んでいた団地の5階のベランダで洗濯物を取り込んでいた。突然、姉は部屋の中にいる私に叫んだ。

「大変！　下に落ちてるの、ママのパンツだ！　風で飛んだんだ！　啓介取ってきて！」「やだよ！　ママのパンツなんだし、お姉ちゃん行ってよ！」

そのとき、姉は確かに言った。

「あんたが行って！　弟なんだから！」

私はしぶしぶ、コソコソ、猛ダッシュで芝生に落ちたママのパンツを拾い、服の中に隠して持ち帰り、玄関で待っていた姉に渡した。すると姉は言った。

「これママのじゃない！」

あの日あのとき、私は一体どなたのパンツを拾ってきたのか……。

今なお姉弟で語り合う、笑い話である。

# 「節約しないと！　もったいない!!」

かえで（兵庫／兄）

私は小さい頃から、ねだれない子どもでした。

母のこの口ぐせから、何かをおねだりする子は悪い子だと思っていたからです。

母はいつも手づくりのお菓子を用意してくれていて、外で買うおやつと言えば、昔ながらのかりんとうやお煎餅などだけでした。

小学1年生のある日、友達に誘われて一緒にスーパーへ行くと、その子は細かいパフが入っているチョコレート菓子を買いました。

子どもが好む市販のお菓子をほとんど食べたことのない私にとって、そのお菓子はとても新鮮で魅力的に見えました。友達が私にも分けてくれたのですが、箱の中におまけが隠れていて、宝探しのようで楽しく、とても美味しくて心が浮かれました。

それから数日後、母と一緒にスーパーに行ったときのこと。

あのお菓子が忘れられず、母に「これ買ってほしい」と勇気を出しておねだりしてみました。すると母から返ってきた言葉は、

「ママはみんなのために節約しようと思って、一生懸命10円、30円引きになったものを買っているのに、この100円のお菓子を買うことでママの頑張りの意味がなくなってしまうのよ」

でした……。

それからも母は「節約！」「もったいない！」といった言葉を、よく使っていました。

一般的なサラリーマン家庭で特段不自由なく育ててもらったけれど、「中学受験したい！」や「留学したい！」という気持ちは、それ相応のお金がかかることだったので自分

の胸にしまって過ごしました。

大学で募集していた留学プログラムに惹かれ、自分で費用を貯められればとアルバイトをしたものの、必要な金額には届かなかったので、海外旅行をすることで代替させました。

大学まで不自由なく行かせてもらい、両親には感謝をしています。

ただ大人になった今も、自分のために〝誰かにお金を使わせる〟ことへの抵抗感が拭えません。

## 解説

親のお金に対する価値観は、子どもに大きな影響を与える。
「何を削るか？」は、言い換えると「何を〝お金以下の価値〟と考えるか？」である。そのため**家庭内のお金の使い方は、親の価値観や人格を、わかりやすく〈見える化〉して子どもに伝えることを意味する**。

たとえば親がバス代を削り、毎日歩いて駅から帰っているとする。それにより２００円の節約ができるが、家で子どもと過ごす20分を失うことにもなる。〝子どもとの20分は２００円以下の価値〟ということになってしまう。仮にその浮いた２００円で、子どもにお菓子を買ってあげようと考えていたとしたら、子どもと過ごす20分はお菓子以下の価値だということになる。それぞれの家庭で様々な生活環境があるため一概には言えないが、どこを削りどこにお金をかけるかは、その人の価値観、人格までも丸裸にするから怖い。

読書はコスパ最強の自己投資と考える人がいる一方で、本代が１５００円なんて高いと言う人がいる。それは、著者や出版までに携わる人たちの労力は１５００円以下の価値だと言っていることにもなる。

出版以外でも、権利関係の規定でロイヤリティを支払うルールがあるのに、〝見つからなければいいや〟と払わない人がいる。そこに関わる人や企業の働きはもちろん、信頼関係までもが、ごまかした金額より価値がないと思っていることを意味する。

節約はもちろん大事。不必要な浪費をしていては、子どもに〝お金の価値〟を教えることができなくなる。かえでさんのケースがなぜ「悪魔の口ぐせ」として残ってしまったのか。その理由は、めったにおねだりをしない子どもが勇気を出してねだった100円のお菓子を削ったことで、〝あなたの喜ぶ笑顔は100円以下の価値しかない〟というメッセージも発信してしまっていたからだ。

もちろん、親御さんにそんなつもりはないのだが、それほどまでに、親の何気ない言動は子どもに大きな影響を与えてしまうことを、意識してほしい。

# 「お母さんは我慢する」

りぼん（長野／なし）

私の母は、いつも子どもや家族、周りの人たちのことを思って行動しています。朝は誰よりも早く起き、夜は一番最後に寝る。誰から見てもいいお母さん。私もそう思っていました。

ただ、そんな母の口ぐせは、〝子どものために〟の気持ちに恩着せがましさが含まれているように感じていたので、タチが悪いように思っていました。

例えばお菓子やケーキを一緒に食べるとき、お母さんは一口だけ口にし、「あなたにあげたいから我慢するんだよ」と、言っていました。

「お母さんはあなたのために我慢して働くんだよ」

「お母さんはいつも我慢しているのに、みんなは感謝してくれない」

などもよく耳にしました。

きっと母親の本能でもあると思うし、〝子どものために我慢をしなければならない〟と本心で思っていたのでしょうが、私のために我慢しているという姿を見るのは苦しいものでした。

その影響もあり、「大人になってお母さんになったら、我慢する人生になるんだ」と、大人になるのが恐怖でした。

また、母が毎日我慢をして私を育ててくれていると思うと、母の期待に応えないといけないというプレッシャーもあり、嘘をついてしまったことも多々ありました。

困ったことがあっても、なかなか相談できませんでした。

大人になり、母の口ぐせから解放され、ようやく鎖が外せたと思っていたのですが、わが子が生まれた途端、母は私に、

「お母さんなんだから我慢しないと」

と言うようになり、呪いの言葉のように感じました。

## 解説

私は、あえてこの口ぐせを「悪魔の口ぐせ」の大王の一人だと言いたい。

りぼんさんのお母さんの考え方は、子どもからするととても切なく、悲しく、残念。

けれど私は、このお母さんに共感もする。親の根っこには〝痩せ我慢〟があるからだ。

その我慢を、いかに子どもに見せないようにするか？　が〝親力〟でもある。

私の母は、「これママあまり好きじゃないから食べていいよ」と、よく私の好きなおかずをくれていたが、後に、実は母も好物だったことに気がついた。そのとき私は、「親」という存在のありがたさを感じると同時に、どうしてもっと早く気づけなかったのだろう……と自分を悔やんだ。

「そんな嘘は必要ない！　半分こして、これ最高だねって一緒に食べた方が、嬉しかったし、美味しかったはずなのに……」

と母に言ってしまった。今思うと、私が伝えたことは確かに正論ではあるが、息子の笑顔が見たかった母の〝痩せ我慢〟を、直接暴く必要はなかったな……とも思う。

人間関係では「こんなにやってあげているのに……」という不満の感情が生まれた瞬間、愛が愛ではなくなる。親子も夫婦も、上司と部下も恋人同士も同じ。そう思わないように我慢するのではなく、そう思わないで済む関わり方がちょうどいい。

自分一人が我慢したり犠牲になればいい、という考えを持つお母さんは結構多い。そうではなく、みんなで一緒に笑顔になる方法を選んでほしいと思う。子どもは親が思うほど心は幼くない。親御さんと一緒に笑い合えることが何より幸せなのだ。

PART 06

# 私から「信じる勇気」を奪った口ぐせ

前の章でも触れたとおり、人間関係で最も丁寧に築きたいのは「信頼関係」です。

親子関係においては、なおさら丁寧に築く努力をすべきことだと伝えています。


ところで、信頼関係があるかないかは、どうしたらわかると思いますか？

辞書にも「信じて任せることができるかどうか」程度のことしか書いてありません。

「信頼」も「愛」と同様にとても曖昧で、どこまでも深い言葉です。


私は、人生で一人でも、強固な信頼関係でつながることができる人がいれば、最高に幸せだと思っているので、それほど難しく特別なことです。

恋愛関係は努力しなくても成り立つことがありますが、信頼関係だけは、努力なくして成り立ちません。


私は25歳のときに出会った「コーチング」を、20年間でトラストコーチングという哲学的学問に進化させてきた自負があります。

現在、トラストコーチングは、省庁や教育機関、企業の人材育成に長期的に導入していただいていますが、それも信頼（トラスト）を日々探究し、軸としてきたからだと考えています。

〝信頼関係は横のつながり〟です。

上下関係と言われる上司部下の関係においても、信頼関係は横の関係として築いていかなければなりません。

横の関係とは、お互いが敬意を払い「この人のためにもがんばろう」と思える関係性です。お互いがそんな風に思えていたら、二人の間には信頼関係があると言えるでしょう。

ここでお気づきだと思いますが、私が、

〝親子で信頼関係を築くには、なおさら丁寧に築く努力をすべき〟

と伝えているのは、親子で横の関係を意識することがとても難しいからです。

親子関係では親側の責任が圧倒的に大きく、そのために多くの決定権が親側にあるので当然ですよね。

「子どもが将来困らないためには、親の自分がいろいろと教えなければいけない！」

と強く思い込んでしまいがちなことも、横の関係を難しくしている背景の一つです。

だからこそ強い意識を持って、**わが子相手でもできる限り「自分とは違う考えを持った別の存在」として扱い、年齢に応じた適度な距離を取っていく必要があります。**


北海道大学の名誉教授で「信頼」を研究されていた山岸俊男先生によると、上下関係は「安心関係」であり、別の言い方では「ヤクザの関係」とのこと。

意外かもしれませんが、人は案外上下関係を望みます。

理由は、そこには依存が生まれ「安心」があるからです。

私が学生時代や過去に勤めていた職場でも、先輩を「ねーさん」や「アニキ」と呼ぶクラスメイトや同僚がいましたが、それも似た心理で、上下関係でいた方が人間関係が楽だったりするのです。

安心できる依存関係は、信頼関係とは別物です。

親子でも、お互いが依存関係になっている（共依存）ケースをよく聞きます。

社会問題となっている「モンスターペアレンツ」が生まれる原因の一つでもあります。

「自分が子どものことを一番よく知っている」と思い込み、「あの子がそんなことをするわけがない」と一方的に主張して、先生や他の保護者と争うのです。

子どもが巣立ってからも心配ばかりしている親、生きがいをなくして無気力になる親も、依存関係と言えます。

信頼関係と安心関係の違いは以上とし、信頼関係の築き方について少し説明します。

信頼を築くために、最も重要ではじめに考えるべきことは、相手のことを「信じる」と覚悟を決めることです。

相手があなたのことを裏切るか裏切らないか、ではなく、〝自分が相手を裏切らない、そして信じると決めることが第一歩〟なのです。

この覚悟にはとても勇気が必要です。口先だけではなく本心での覚悟です。

もしその覚悟が持てないのだとしたら、あなたにとって信頼関係を築く相手ではないのかもしれません。

**覚悟が持てると、相手の見ていないところでの小さな言動が積み重なり、徐々に相手にも伝わるようになります。**

すると相手もあなたのことを信頼しはじめ、より強固な信頼関係が築かれていきます。

信頼関係とは、言葉だけで短期間に築けるものではなく、時間をかけて少しずつ育てていくものなのです。


では、親のどんな関わりが、子どもの信じる勇気を奪ってしまっているのでしょうか？

それは、子どもを信頼せずに、〝自分が正しい〟という考えが常に根底にある言動です。


「あなたは、私がいないと何もできない」

「私にはあなたしかいない」

「私を信頼していればいい」

「どうせ私に頼るくせに」

これは、決して言ってはいけない、「悪魔の口ぐせ」です。

# 「ママが言わないと何もしないでしょ！」

じゅり（新潟／弟・妹）

小学生のとき、絵を描くことや、工作をするのが好きでした。完成した作品は母に褒めてもらえるのですが、片づけをすることを忘れてしまうので、

「次のことをするときは片づけてからにしなさい」

と、しょっちゅう言われていました。

ある日、母にガミガミ言われる前にやろうと思っていた矢先、

「ちゃんと早く片づけなさい！　ママが言わないと何もしないでしょ！」

と言われてしまい、せっかくやろうと思っていたのに、その気がなくなりました。

また、当時「くもん」に週2回通っていて、宿題のプリントが毎日何枚もありました。

（今日は○時からやろう）と決めていた日に限って、

「くもんの宿題さっさと終わらせなさい！　ママが言わないと何もしないんだから！」

と言われてしまい、自分のことを信じてくれていないのだな……と、子ども心に少し悲しくなったことを思い出しました。

## 解説

この系統の「悪魔の口ぐせ」は、歪んだ母性本能が溢れ出てしまったケースに多い。〝この子は私がいないとダメ〟と根深く思い込んでいると、こういった「悪魔の口ぐせ」を生み出してしまう。

これは親子関係のみならず、DV男を愛し続けてしまう女性にも通じる。DVまではいかなくても、「この人には自分がいないとダメ」と思い込んでしまう人は、男女問わず意外と多い。母子の場合、母性本能がそうさせると言う人もいるが、実はそうではない。このような思いの裏では、実は親側も「自分にはこの子がいないとダメ」と思い込んでいる。まさにこれが「共依存」だ。

自分と相手の境界線を見失うことで、本来はそれぞれが抱えるべき問題までも混合してしまい、互いの自我が正常に機能しなくなる状態。

親が子に共依存で関わると、子どもも親に共依存で関わってしまう。そんな状態では、相手をひとりの自立した人間として信じるための勇気を、子どもから奪ってしまうことになりかねない。

じゅりさんのケースは共依存とまではいかないと思うが、良好な人間関係を築く第一歩は、「相手を信じる」と決めることから。

その勇気を、親との関わりで奪ってしまうのは残念すぎるから、気をつけよう。
改善策は、親が自分自身の存在価値をしっかり認められるようになること。
人間の存在価値は、誰だって同じだからね。

# 「誰が稼いだお金だと思ってるんだ！」

ささぱん（神奈川／妹）

これは20年ほど前に、父が言っていた口ぐせです。

私の両親は、お金の使い方でよく口喧嘩をしていました。貧しい家庭で育った父と裕福な家庭で育った母の喧嘩はいつも平行線。私は何度も繰り返される二人の対立に耐えられず、就職してすぐに一人暮らしを始めました。

（私は結婚しないで生きていこう。自分自身の力でお金を稼いで、好きなだけ使うんだ！）と自分に言い聞かせながら、一生懸命働きました。

縁あって結婚した夫は父とは違い、「この家のお金は僕と君のものだから」と言ってくれる人で安心しましたが、妊娠を機に勤め先を退職したことで、あの父の口ぐせが心の中によみがえってきました。

そして、父の口ぐせは、私の中でこんな言葉に置き換わっていました。

「妻は夫に養われるもの、夫の稼いできたお金を無駄遣いしてはならない」

今でも心のどこかでこの言葉に怯えている自分がいます。そのせいか、欲しいものがあっても夫に遠慮をしてしまうのです。

今、昔に戻って父にひとこと言えるとしたら、

「確かに稼いでいるのはお父さんだよ、でもね、それを支えているのは誰かを考えた上で言葉を発してほしい」

と、伝えていると思います。

## 解説

昭和の「悪魔の口ぐせ」代表格！

ささぱんさんもそうだったように、長く心のどこかで残り続けてしまうやつだ。

この口ぐせは、父親が母親に言っているケースがほとんどだが、これを偉そうに言うたびに、子どもの心には（父は母よりも偉いのか……）と刷り込まれてしまう。

当然子どもは、「お金を多く稼いでいる方が、価値ある役割を果たしている」と思いがちになる。母親がたとえ外で働いていないとしても、共に家庭を築き、子どもの命と成長を守るという、大きな役割を果たしているのに。

一番残念なのは、将来母親になった際に、子育ての価値を信じる勇気を失ってしまうことだ。「あなたが稼げているのは、誰の支えがあってなの？」でハッとする人もいるかもしれないが、そんな当たり前の感謝すら忘れてしまっている人に何を言っても無駄だ。

この悪魔の口ぐせから解放される方法は一つ。**自分がもっと、子育ての尊さ、難しさ、偉大さに気づくこと**。一度、本気で考える経験をすること（それがコーチング）。

子育て以上に、人を成長させてくれる役目も、偉大な仕事もないのだから。

PART 07

# 私から「無限の可能性」を奪った口ぐせ

人は様々な経験を通して、「自分ができること」や「自分の可能性」を見出していきます。その過程で、失敗して傷つかないように、無駄な時間を費やさずに済むようにと、自分の可能性に枠をつくりはじめます。

私自身、コロナ禍の中で自分では気づかないうちに自分の可能性に枠をつくり、無気力状態になっていました。

それに気づかせてくれたのは、子どもたちの「パパ、最近、面白そうな顔してないね」という何気ないひとことでした。

人生ではじめて経験する行動制限にめいったということもありますが、振り返ると、25歳のときに描いた理想のコーチ像を超える状態を実現していて、守りに入りはじめてしまったのだと思います。

1000人規模の素敵な認定資格者（コーチ仲間）に囲まれ、素晴らしいクライアントにも恵まれ、大好きな漫画『キングダム』とコラボした本を執筆できたりなど、気がつくと「これ以上はもうないよね」が口ぐせになっていました。

でも、どうしてそんな状態になってしまっていたのでしょうか？
それは誰からも自分の「これから」を、興味深く聞いてもらっていなかったからです。
人は誰かに自分の話をジャッジされることなく、興味深く聞いてもらえているときだけ、心の重りが小さくなり「もっとがんばろう！」と思えるものです。

多くの人が35歳くらいから自分の可能性を決めつけ、目の奥が曇りはじめているように感じますが、その理由も、自分の「これから」について語ろうとせず、興味深く聞いてくれる人も周りにいなくなることが背景にあると思います。

そう考えると、**子どもが自分の無限の可能性を信じ、挑戦できるようになれるどうかは、親が子どもの話をどれだけ興味深く聞けているか**にかかってきます。

多くの親が、子どもに持ってほしいと考える「挑戦する心」「やり切る力」は、安心空間（いつでも戻れる場所や関係）と表裏一体です。

**親がどれだけ「安心空間」をつくってあげられるかで、その子の「挑戦する力」が決まる**わけです。

どんなに熱く「なんだってやればできる！」と言い続けても、家庭がいつでも安心して戻れる場所でないと、意味がないということです。

人の話は、耳ではなく心で聞くもの。

心がざわざわ忙しいときには、聞いているふりしかできないものです。

心当たりがある方も多いと思いますが、残してきた仕事が気になっているときや、重要な連絡の返信を待っているときなど、つい子どもの話を聞き流してしまうことがありませんか？　きっとありますよね。

子どもの話を聞くのは、親の大事な役割のひとつです。

子どもは一番親に聞いてもらいたいのですから。

ただ、頷いて黙って聞いているだけではダメです。

**一日5分でもよいので、心の声を落ち着かせ、子どもの話をジャッジやアドバイスすることなく、ただ興味深く聞く。**

この時間が、最も子どもの無限の可能性を広げていくはずです。

とは言え、これが簡単なようで難しいので、コーチ仲間と共に、定期的にお互いに聞き合う環境をつくるようにしています。

ここでは、親のどんな口ぐせが子どもの無限の可能性に制限をかけてしまうのかを考えてみましょう。

「お金がない」
「時間がない」
「やっぱりね……」
「だから言ったじゃない」

このような口ぐせは、子どもの可能性を大きく奪う危険性が高いです。

親の何気ないひとことは、子どもに大きな影響を与えていますが、その言葉は子どもに直接言ったものだけではなく、そばにいて聞いていた、親がボソッと言う口ぐせだったりもするので、気をつけなければなりません。

# 「お父さんに聞いてみて」

しらさぎ（岐阜／姉・妹）

小学生の頃、習い事・部活動・生徒会など、いろいろなことをやってみたい！　と思いつつ、母に相談してから行動に移す癖がありました。

母は否定をせず、

「やってみたらいいいんじゃない？」

と言ってくれるのですが、そのあと必ず、

「お父さんに聞いてみたら？」

と付け加えました。

父は母とは正反対で、とにかく否定ばかりの人。
小さいときから、あまり自分から話しかけたくない気持ちがありました。
「あれがしたい！」と言えば、必ず「なんでだ」と返事がきます。
子どもながらに、
やってみたいと思ってはいけないのか？
やってみたいと思う気持ちに、理由がなければいけないのか？
なんでだって言われても、やってみたいだけなのに。
と感じていたものです。

毎回聞かれることがだんだん面倒になり、父に言わなければいけないならやらない、という選択をするようになりました。

## 解説

これは夫婦関係の歪みが「悪魔の口ぐせ」を生み出してしまったケースかもね。

多くの子どもが第三者として最初に出会う人間関係は、親の「夫婦関係」だ。これは一生刷り込まれる関係性の形とも言える。

「お父さんに聞いてみて」が口ぐせになった背景は、おそらく、お父さんはお母さんに対しても否定的だったからだろう。**夫婦間も、横のつながりの信頼関係があることが望ましいが、上下関係の傾向が強いと、このように子どもに悪影響を与える口ぐせが増える。**

ほとんどの子どもはお母さんのことが大好きだから、そのお母さんの上に立って否定的に振る舞うお父さんとは、当然距離を取りたくなるもの。お母さんが、そんなお父さんを尊敬している感じに見えたら、なおさら何も言えない。

そんな父親ほど「どうして相談しなかったんだ！」とかズレたことをよく言う。**子どもが将来、大切な人と築く関係性の基準や枠は、両親の夫婦関係に大きな影響を受ける**ことを忘れてはいけない。

以前スクールの勉強会で「親が離婚していると子も離婚する確率が高くなる」という話題が取り上げられた。実際、そうなっている家庭をいくつか知っていたし、参加者の中にもいた。そのとき一人の参加者が言ってくれた、今でも忘れられない、かっこいい発言を紹介しよう。

「私たちシングルマザーは、母親から、男性に頼らない生き方を学んだから強いんです。一度きりの人生、男性に我慢なんてしませんよ」

# 「それは何になるの？」

でめめ（鹿児島／姉・兄）

新しいことを始めたいときや、進学先を考えるときに、よく言われた言葉です。

「やってみたいと思った」「とても興味を惹かれた」と、素直な思いを口にすると、

「で、それは何になるの？」

というひとことで一気に現実に引き戻され、（何になるかわからないからダメってことね）と諦めることがありました。


大学進学のとき、学んでみたい分野に関して、

「で、それは将来何になるの？」

と言われたことで、（この学部では何者にもなれないのでは？）（役に立たないのでは？）と将来が不安になり、希望を貫けませんでした。最終的には、親が全くわからないであろう分野を選び、いつもの言葉を言わせない完璧な説明を用意することに全エネルギーを注ぎました。

私にとってこの口ぐせは、心が躍るような未来への夢や、興味を惹かれ没頭したいことに出会っても、そこに親の望む答えがなければ、（何の役にも立たない無駄なことだ）と、不安と共に自分の無力さを実感させられるというものでした。

当時は、親に自分のすべての可能性を奪われているような感覚になり、悔しくて反抗心を抱いていました。

（どうせわかってもらえない）と、相談することをやめ、親が納得しそうな説明を完璧に用意してから話す、説明が用意できない場合は話さずに諦める、ということが続きました。

そんな自分自身にもイライラし、大人になった今も、親への相談は苦手なままです。

親には「この子は何も言わないのよ」と言われますが、やはり話せない自分がいます。

## 解説

典型的な、子どもの可能性を奪う「悪魔の口ぐせ」だ。

次の章でも詳しく触れるが、直感で動いた方が大きな成果が得られ、運がよくなるという研究結果があると言う。確かに、何だって理由や目的や根拠がある動機は案外弱い。身近な例だと、推しを好きな理由がきっちりとある人は、その理由がなくなれば心が離れるし、他にも同じ理由を持った人が現れれば、そちらでもよいことになる。

**私たちを、自分では想像もできない無限の可能性が広がる世界に導くモノは、やれる根拠も、その先のメリットも考えることなく、自分を突き動かした〝何か〟だ。**

でめめさんの親御さんも「理由はうまく説明できないけど、強く惹かれること」に出会えることが、どれほど価値のあることか、ほんの少しでも感じる機会があったら違う言葉になっていただろう。

今の時代、遅すぎることはない。「なんか」気になる、「なんか」やってみたい、と思える「なんか」だけは無視せず、まだ見ぬ自分に会いに行ってみよう。

# 「うちは何もしてあげられないから……」

きのこ（北海道／弟）

どちらかというと、あまり裕福ではなかったわが家。小学生の頃は、友達がピアノやスイミング、英語や体操などの習い事をしている中、私は家から近く、月謝が安いという理由でそろばんだけを習っていました。家族旅行の記憶もあまりありません。

けれど、家族で過ごす時間はいつも楽しくて、みんな仲よく、生活に不満を感じることはほとんどありませんでした。

しかし、母は私とは少し違ったようです。幼かったときも大人になった今も、度々母から出る、

「私たちは（親として）何もしてやれなかったから……」

という言葉。

最初は気に留めていなかったのですが、繰り返し聞くうちに（うちはお金がないから、残念な家族なのかな……？）（もしかして、他の家族よりもダメな家族なのかな……？）と感じるようになりました。

そして、一番残念で悲しかったのは、母が自分や私たちのことを（何もできない＝かわいそう）と思っているのかもしれない、と感じたことです。

（私は毎日こんなに楽しいのに、お母さんは楽しくないのかな）と思うと、少し寂しい気持ちになりました。確かにお金があればかなえられたことや、もっとできたことはあったかもしれません。

けれど、当時を振り返ってみても〝（金銭面では）何もしてもらえなかった〟からこそ育ったものもたくさんありました。あの頃の幼かった私は、他にどんな言葉をかけてもらえていたら、より安心して楽しく家族と過ごせていただろうと、ときどき考えることがあります。

## 解説

切ない「悪魔の口ぐせ」だ。実は親子の関係がよければよいほど、生まれやすい口ぐせでもある。

これまでも伝えてきた通り、**子どもへの申し訳なさを口ぐせのように吐き出すのはよくない**。子どもに伝わるのは〝本当の幸せを見失った視点〟だから。

金銭面で、子どもがやりたいことを十分にやらせてあげられないことは、どの家庭にもある。子どもは残念がるだろうし、反発することもあるだろう。けれど子どもは、親が思うほど〝子ども〟ではない。**子どもが一番怖いのは、欲が満たせないことより、親の笑顔がなくなること**だ。ただそのためには、日頃から親が「幸せ」を言動で表現しておく必要がある。

私の祖母は、「みんなで食べると何でも美味しい」が口ぐせだった。この言葉は、私と父の心の中でずっと生き続けている。私も子どもの前ではいつも、食事の一口目、お風呂に浸かったとき、心地いい風が吹いたときに、よくこうつぶやくようにしている。

「はぁ〜、これを幸せと言うのだな〜」

一番大切な心の教育は、お金では買えない。

# 「感謝が足りない」

みきこ（静岡／弟2人）

子どもの頃、何かにつけて「あなたは感謝が足りない」と親に言われていました。
動物園に行ったけど、お目当ての動物を見る前に帰宅することになったとき。
仲良しの友達が何人も持っているゲームを、私は買ってもらえなかったとき。
行きたい大学を「お金がかかる」という理由で受験できなかったとき。
など、やむを得ず我慢をさせられたときに、特に言われていました。
「感謝が大切」なことぐらい、子どもなりにわかっていました。

でも、願いがかなわなかったとき、自分の力ではどうにもならないことに出会ったとき、自分の気持ちに寄り添ってもらうのではなく「感謝が足りない」と言われることで（誰にもわかってもらえない……）という気持ちになったものでした。

誰に感謝すればいいんだろう？　何を感謝すればいいんだろう？　どんな言動が「感謝できている」と親に認定されるんだろう……？

そんな疑問の答えが子ども一人で出せるはずもなく、親に聞いたらますます怒られそうだから聞くこともできず、いつしか「感謝が足りない」という言葉を（うまくいかないのは、自分が悪いんだ）（私は何かが欠けた人間なんだ）と解釈するようになっていました。

大人になった今では、（今あるものや満たされていることに、もっと目を向けられたらよかったな）とも思えるのですが、あの頃はそんな風には思えませんでした。

子ども自身に考えさせることは、もちろん大切なのですが、親の思いをわかりやすく伝えることで、子どもが思いもよらぬ解釈をして自分を傷つけてしまうなんてことが防げるのではないかと、今は感じています。

## 解説

これは、言葉にしてしまうから悪魔化した口ぐせだ。

“感謝する気持ち”は、何より子どもに伝えたいことのひとつ。ただ「感謝しなさい」と口に出して言ってしまっては野暮になり、感謝も義務になってしまう。**感謝することの大切さは、「しなさい」と言葉で指示するのではなく、背中で伝えることが鍵**となる。

例えば上司や社長、総理大臣が「私に感謝しなさい」と言ったら、急に尊敬の念は消え、残念な人に感じるだろう。親子関係でも同じだ。

私の父は「社会人は靴が命！　靴で人は判断される！」が口ぐせだった。

父は、接着剤で修理を繰り返した一足を大切に履いていて、私は、毎朝靴をピカピカに磨いてから出社する父の姿を見て育った。しかし父は、私には新しい靴をよく買ってくれた。父と母は、子どもの前では絶対に「お金がない」だけは言わないと決めていたらしい。

私はそんな父の背中から「感謝」をしっかり学んだ。にもかかわらず、家では子どもたちに「感謝しなさい」と言いかけてしまうことがある。そのたびに、対象をママに変えて「ママに感謝しなよ」と言い、回避している。

感謝は自然とするもの。だから意味も価値も生まれるのだ。

# 「うちにはお金がないから」

あんず（宮崎／妹・弟）

「うちは貧乏だから○○できないよ」

「うちにはお金がないから県立高校しか行かせられないよ」

これが、母親の口ぐせでした。

子どもの頃は（そうなんだ）と、あらゆる我慢をしてきましたが、大人になり、実は父は意外と高給取りであったことを知りました。

決して贅沢をしたかったわけではないのですが、大人になった今も何かと「お金がかかるからやめておこう」と自分を制限し、我慢をすることが当たり前になっているので、母の言葉がなかったら、こういう大人にはならなかったかなと感じることがあります。

また、自分の子どもに、「うちはお金持ちじゃないのよ」と諭してしまう瞬間があります。嫌な経験のはずなのに、同じような声かけを反射的にしてしまったとき、親の影響って怖いなと心底感じました。

## 解説

子ども時代に自分が経験して嫌だったことなのに、気がつくとわが子にも同じようにしてしまっていることは結構あり、子育ての七不思議のひとつだ。特に「悪魔の口ぐせ」四天王のひとつ、「お金がない」は強力だ。

嫌だった経験があるにもかかわらず、なぜ自分も繰り返してしまうのか？ それは、〝「悪魔の口ぐせ」が生まれる背景が、何かを守るための知恵だから〟と分析できる。

私の職業であるコーチは、クライアントへ継続セッションを提供することが主な仕事だが、コーチは、共に定めた〝目標〟に向けて「アドバイスをしない対話」を続ける。

以前のクライアントに、「時間がない」が口ぐせの経営者がいた。30分のセッション中、「時間がない」を6回口にしたことを伝えたところ、「よくないのはわかっているのですが、つい出てしまうんです」と。

そこで相談のうえ、我々は「時間がない」という悪魔の口ぐせをやめることをひとつの目標とした。3ヵ月後、彼は悪魔の口ぐせを手放すことに成功。彼が理想としていた、社員や秘書から多くの報告や相談をしてもらえる状態を手にし、業績も3倍近く伸びた。これが〝悪魔の口ぐせが持つ力〟なのだ。

どうやってやめることができたのか。それは、彼が「時間がない」の口ぐせで〝守っていたもの〟を明確に引き出し、言語化してもらったのだ。経営者である彼は、世間が驚くような結果を出すことが重要だと強く思っている半面、そこにたどり着けないかもしれない恐れを常に背負っていた。そのため、「時間がない」と自分や周りに言い聞かせることで、聞きたくない話を聞かないようにバリアを張り、結果が出せないかもしれない自分に保険を掛け〝守っていた〟のだ。

「お金がない」もそうだが、人は、その口ぐせで〝何を守っているのか〟がハッキリすると、その口ぐせをより意識することも、他の守り方を考えることもできるようになる。

「悪魔の口ぐせ」をやめたいと思ったときは、ぜひこの視点を参考にしてほしい。

## 「身の丈にあった生活をするのよ」

ごんこ（茨城／弟）

謙虚で分別ある母。

「身の丈にあった生活をするのよ」

母の口ぐせを、私は「そういうものなんだ」と聞いていましたが、いつのまにか私を苦しめるものになっていました。

〝空気を読む〟という表現がしっくりくるかもしれませんが、いつしか私は自分より他の誰か（世間体も含む）から見た自分を強く意識するようになりました。

たとえば、高校受験のときのことです。

そこそこ優等生だった私が、学校から指定校推薦の話をされたことを両親に話すと、とても喜んでくれました。私は挑戦してみたい学校があったものの、空気を読んで指定校推薦を受けることにしました。

しかし、入学してから後悔することばかりでした。

自分で見学もせず、消極的な姿勢で受けた学校に馴染めず、そのせいもあってか、いじめにも遭いました。

自分自身で決めたにもかかわらず、いつのまにか親に勝手に決められたようにすり替え、自分が何をやりたいのかも見失った結果、高校を中退しました。

振り返ってみると、「身の丈にあった」という言葉の解釈を取り違え、自分で自分の限界を勝手に決めてしまっていました。

身の丈を知っているからこそできる、自分にとってちょうどいい、心地いい生活こそ母が伝えたかったことだったのに、いつのまにかネガティブな意味をつけていたのは私でした。

言葉自体にはポジティブもネガティブもないのに、使う言葉に加えられる表情や雰囲気、それも子どもたちは受け取るのかもしれません。

伝えたい思いは言葉だけでなく、振る舞いからも伝わると、いつも考えています。

## 解説

子育てに欠かせない能力のひとつは「言語化力」だ。**親は常に、子どもにとってわかりやすい言葉で、思いを言語化して伝える義務がある**と言っていい。

「強くなってほしい」と伝えたいなら、「強さとは何か?」を具体的に言語化して伝えられなければならない。でないと、「強さ」を、喧嘩の強さだと勘違いするのが子どもだ。優しい子どもに育ってほしいなら、自分が考える「優しさとは何か?」をしっかり言語化できていなければいけない。

同じように「身の丈にあった生活を」と思うなら、「身の丈とはどうやって測れるものなのか?」まで、しっかり言語化して伝える必要がある。

子どもは自分の幼い辞書で、勝手に親の言葉を変換してしまうもの。そのため、親が意図した考えと全く違って伝わっていた、ということは頻繁に起こる。子どもが理解しやすい易しい単語ほど、実は意味が曖昧なことが多く、より一層言語化が必要なのだが、そんなことをしている大人は少ない。

ビジネスでも結果が出せる人は、決まって自分が発する言葉の意味を、丁寧に言語化して伝えている。だから相手にしっかりと伝わり、モノも売れ、よい関係性も築ける。私も定期的にコーチ仲間と、言語化トレーニングの機会を持つようにしている。

ちなみに、私が母に「身の丈にあった生き方をしなさい」と言われたとき、こう答えたのを覚えている。

「身の丈にあった生き方をしていたら、その丈で終わってしまう。だから俺は〝身の丈＋3〟で生きている！　そもそも、身の丈とは、己のポテンシャルも含まれるからな！」

# 「あなたにはできない」

みひろ（岡山／兄）

好奇心旺盛な私は、簡単にはできそうにないことに対して、「面白そう！」「私もやってみたい!!」と興味を持つことがよくありました。

そんなときはいつも、母からさらりと、

「そんなの、あなたにはできないわよ」

と言われていました。


小学校の中学年頃までは、そう言われても（そうか、私には難しいことなんだな）と母の言葉を素直に受け入れていましたが、成長するにつれて変化していきます。

母に私自身の限界を決められているようで、モヤモヤするようになり、ときには（どうしてやる前から決めつけるの?）と、納得のいかない気持ちを抱くこともありました。
一方、試験や大会などで上位に入ったときや、「合格」などわかりやすい結果を出したときには、「さすが、みひろね!」と言われることもありました。

当時の私にとっては、毎日のふとした瞬間にさらりと言われる「あなたにはできないわよ」という言葉が持つ負のエネルギーの方が圧倒的に大きかったのですが、「さすが」という言葉に（認めてくれる部分もあるんだ……）と、ほっとするような、複雑な気持ちになったのを覚えています。

母には、（娘が無謀な挑戦をして失敗してしまう前に、母として教えてあげなくちゃ）という思いがあったのかもしれませんが、今、振り返ってみると「あなたにはできないわよ」という母の言葉を、いつの頃からか「あなたには可能性がない、だから望んでもかなわない」という意味合いで受け止めるようになってしまった自分もいました。

## 解説

親が子どもと関わる上で、最も重要なことのひとつは「一貫性」だ。

同じことをして、昨日は怒られなかったのに今日は怒られる、ということが起こると、子どもの心は混乱し親子の関係性も不安定になる。

**「怒ってはいけない」と考えている人は多いが、怒ることよりも、一貫性がないことの方が問題**なのだ。

ちなみに子どもは、親から喜怒哀楽を学ぶと言われている。だから親が、喜怒哀楽を子どもの前で出すことは決して悪いことではない。「一貫性」とは、何も一貫して笑顔だったり一貫して冷静な人のことではなく、“関わり方に矛盾がない人”のことだ。

みひろさんのケースは、言葉そのものも完全に「悪魔の口ぐせ」なのだが、それよりも「あなたにはできない」と「さすが」の矛盾、関わり方の一貫性のなさの方が苦しかっただろう。このケースの問題の本質も、子どもと自分を重ねて見てしまい、わが子が傷つかないように、と心配する気持ちが生み出した「悪魔の口ぐせ」。

何度も言うが、**人は傷つくことでしか、本質的には成長できない**。

親はそんなときに、変わらずそばにいてくれる存在でありたいものだ。

PART 08

# 私から「自由」を奪った口ぐせ

ユダヤ人心理学者のヴィクトール・フランクルは、第二次世界大戦時の強制収容所で偉大なる発見をしました。

いつ死が訪れるかわからない状況で、拷問や屈辱を受け、あらゆる自由を奪われた状況下で、誰にも決して奪うことのできない、人間の「真の自由」を発見したのです。

それは、「刺激」と「反応」の間に選択の自由があるというものでした。

簡単に言えば、誰に何を言われ、何をされようとも、それを〝どう捉えるか〟は自由であり、その自由だけは誰にも奪えないということです。

ところが親子関係になると、親はその「自由」すら、何気ない言動で子どもから奪ってしまう力を持っています。

そもそもの「捉え方」の思考パターンに、大きな影響を与えてしまうわけです。

親の言動や、他者との関わり方を、子どもは小さい頃から本当によく見ています。

次第にそれを正解だと思い、模倣するようになります。

たとえば、店員さんの小さなミスに対して「気にしないで」と微笑んで返せる親を見て育った子どもと、すかさずクレームを言い、家に帰ってもチクチク言い続けている親を見て育った子どもは、その「反応」から親の「捉え方」を学び、無意識に真似るようになるわけです。

もちろんそんな親の「反応」が嫌で、反面教師にして違う「反応」を選択できることもありますが、親の「捉え方」は心の奥底にずっと残っています。

余裕がないときなどは、親の背中から学んだ「反応」が出やすくなり、そんな自分に嫌悪感を覚え、自分を責めてしまう人もいます。

他にも、**「強くなれ」という言葉も、親が悪気なく言ってしまいがちな悪魔の口ぐせ**で、「自由」を奪う発言でもあります。

これは、習い事の先生など第三者の大人が言うのは、ときにとても効果的です。

ですが、親が悪気なく言ってしまうと「私は弱い人間なんだ」「今の私ではダメなんだ」と受け取ってしまい、大人になっても引きずって思い悩んでしまうことがあります。

「すぐ泣く＝弱い」「リスクを嫌う＝弱い」と捉えがちな人は、自分の思っている以上にこの価値観を子どもに押しつけてしまっているかもしれません。

そして、「ありのままの自分」を受け入れ、「ありのままの自分」でいられる唯一の場所、「ありのままの自分でいられる自由」を奪われてしまいます。

人は誰だって〝自分のことは自分で決める〟という「自由」を求めています。

子どもだって「自由」を求めています。

親も子どもを、本当は自由にしてあげたい。

しかし、子どもを自由にすることのデメリット（これも思い込みだったりしますが）を心配し、それを回避してあげることが愛だと思い込み、悪気なく「真の自由」を奪ってしまっているのかもしれません。

# 「そんなこと言わないの～」

ざぼん（宮崎／姉・弟）

学校での出来事や、友達との間で嫌なことがあったとき、母に愚痴を漏らすと、

「そんなこと言わないの～、相手もきっと悪気はないんだよ」

と、いつも言われていました。

母の言うことはもっともで、正論だと思うのですが、子どもの頃の私はこれを言われてしまうと、まるで自分が悪口を言っている気分になってしまっていました。

友達を正してほしいとか、先生に抗議してほしいとか、そんな意図はなく、お母さんにただ聞いてほしかっただけなのに、そのひとことで話を終えられてしまうので、内側で溜め込むばかり……。

当時の私は、吐き出したいモヤモヤをどこにも出せずに、一人で抱えていました。

この口ぐせの影響で、少なからず「正直な気持ちを吐き出すことはよくないこと」という価値観を持ってしまったようにも感じます。

今でも何かのきっかけで「子どもの頃、ただ話を聞いてほしかった」という気持ちを思い出すことがあり、口ぐせによる影響の根深さを感じます。

## 解説

本当に、そうなのだ！　子どもも大人もただ話を聞いてほしいだけなのだ！

人は誰かに話を聞いてもらえるだけで、心の重りが軽くなる。私たち人間の心の重りの8割は、「認められているか？」「孤立していないか？」からくる不安だからだ。心の底から興味を持って聞いてもらえたときだけ、この重りが小さくなる。とは言え、そんな風に話を聞いてくれる人は、残念ながらほぼいない。自分が「聞く側」になってみるとわかるだろう。正直に考えてみてほしい、心の底から興味深く聞ける話があるとしたら、自分に関する話題か、恋に落ちて間もない大好きな人の話ぐらいだ。みんな自分の心の重りを小さくしたくて、ママ友同士はかぶせるように話をするし、おじさんたちは愛想よく聞いてもらえる夜の街に消えていく。みんな人の話を聞きたいんじゃなく、自分の話を聞いてもらって心を軽くしたいのだ。

「傾聴」という言葉をよく耳にするようになったが、〝聴く〟とは、本当に奥が深い。ただ相手の顔を見て、共感して、頷いていても、実は聴いていることにはならない。相手に「また話したい」「また会いたい」「あの人と話すと自分のことが好きになれる」そういう感情を与えることができて、はじめて「聴けた」と言える。

子どもからの「困った話」や「やりたくない」などの愚痴は、励ます意図でつい「相手も悪気はない」「たいしたことない」というメッセージを即座に伝えがちだが、子どもは単に吐き出したいだけのことも多い。

「聴く」は実に難しいから、**親は〝子どもの話を聞ける存在になろう〟と意識するだけで100点。本当の意味で聞くことができれば120点だ。**

## 「迷うってことは、重要なことじゃない」

ばいくや（茨城／兄）

高校を卒業して実家を出るまで、よく言われた言葉です。

友達から遠方に遊びに行く誘いを受けたときや、高校・大学の願書を提出するときなど、（どうしようかなー）と思って母に話すと、

「迷うってことは、あなたにとって重要なことじゃないんだよ。本当にそうしたいときには、こうしたい！　と思うものだから」

と、よく言われていました。

確かに（こうしたい！）という気持ちが動いたときには、相談せずに自分で決めることもありましたが、部活動とか、高校の文理選択とか、母に言われるがままに（そういうものなのだな）と、受け入れてきました。

今思えば、母のこの口ぐせは、一つの判断の軸として大事にすることで、決断のスピードやフットワークの軽さ、結果的に行動力につながった部分でもあると思います。

一方で、（迷ったら、やめる）という思考癖がついてしまったような気もしています。

経験のない種目の部活をやってみたい……と思いつつ、迷うならばダメだと、今までと同じ部活を選択していました。

大人になった今、私はこれまでの人生で、〝予想できる未来〟ばかりを無意識のうちに選んでいたのかもしれない、と感じています。

母の口ぐせが違えば、もしかしたら失敗の数がもう少し多くなり、今とは違う道を選択することがあったのかもしれません。

## 解説

「迷う」という言葉の定義を、親子でしっかり擦り合わせができていたら、悪魔化せずに済んだ口ぐせだ。**大切な人との会話では、お互いが使う単語の意味（定義）の擦り合わせはとても重要。**

たとえば好きなタイプを聞かれて「優しい人」と答える人は多いが、「優しい」の定義も人によって随分と異なる。（まぁ、好きなタイプを聞かれて「優しい人」と答える人は、たいてい何も深く考えていないものだが）。

さて、「迷うなら重要ではない」と考えている方に向けて、こんな視点を提供しよう。〝直感はだいたい正しく、直感で動いた方が運がよくなり、大きな成果が得られる〟という研究結果もある。進学や就職など、人生の岐路に立ったときに直感的に浮上する新たな選択肢は、もしかしたらプラスに働くことが多いのかもしれない。ただ直感には、論理的な理由づけがないケースも多いから、実際にそちらを選ぶには勇気が必要になる。要するに、直感でやりたいと思ったことは、たいてい「迷う」ということ。だから**迷うってことは、感性や勇気が問われる素晴らしい機会**なのだ。

こんな風に、「迷う」の定義を親子で一緒に深く考える機会があったら、この口ぐせは悪魔の口ぐせにはなっていなかったかもしれないね。

# 「嘘だけはつかないで」

たろう（千葉／弟2人）

真面目で曲がったことが嫌いな、正義感の強い母の口ぐせでした。

母は「嘘」への嫌悪感が強く、わが子にそれをされることは、「裏切られた」と感じてしまうようでした。「嘘だけはつかないで」と、何度も繰り返し言われていました。

母親に似たのか、私自身も比較的真面目で素直な子どもだったので、思い返しても大した嘘はつかず、誰にでもありそうな軽い嘘をついただけでも、罪悪感が強かったことを覚えています。

この口ぐせが、私にとってどうマイナスだったかと言うと、「嘘をつかないでと願うなら、嘘をつかないで済む環境や関係を同時に整えるべき」という、反発心を生んでしまったことです。

「お母さんは嘘をつかないでと言う割に、私に自由をくれていない」と、物心ついた頃から思っていました。

小学生の頃、門限に間に合わないと母が不機嫌になるので、時間を守ることに必死でした。

それでも、高学年ともなると、友達とのおしゃべりが楽しくて帰りたくなかったり、少しのんびりしてしまうこともあります。そんなとき、「盛り上がってちょっと遅くなっちゃった〜」と言えたら、どんなに気持ちが楽だろう、と思っていました。

そんな自由は受け入れてもらえそうにないので、小学生の私は「友達の自転車の鍵を一緒に探してあげていて、遅くなっちゃった」などと嘘をついたのです。

## 解説

その通り！　**「嘘をつかないで」と言うなら、嘘をつかないで済む環境、関係を築くことが先**だ。

「嘘はいけない」も決めつけ。世の中は優しい嘘でできている一面もある。隠し事がない人もいないと思った方がいい。だからこそ親は、すべての嘘を否定するのではなく、〝ついてほしくない嘘〟を理由と一緒にわかりやすく言語化して伝える必要がある。「このことに関して嘘をつかれてしまうと、こういう理由で守れなくなるから絶対にやめてほしい」と。

そして、**嘘をつかないで済む環境、関係をつくるポイントは、親も正しい人間であろうとしないこと**だ。〝親は人間として見本でなければならない〟と思い込んでいる人ほど、子どもと不自然な関係を築くケースは多い。〝こうでなければならない〟が多い人ほど、そうでない人をダメな人だとジャッジし、自分の正しさを押しつける傾向がある。

道教の始祖のひとりである荘子は、その「在り方」を〝神様にもっとも嫌われる人間〟だと説いた。自分にとっての正解や正義感が強い人ほど、人にも正解や正義を押しつけがちで、その結果、争いが生まれたり、関係性に溝が生じる。人類が歴史から学べず、アホのように繰り返す戦争の根本的な原因もこれだ。

子どもだって、当然一人の人間として扱われるべき存在。親の立場をいいことに「私が嫌だから」を理由に何かを強要することは、いくらわが子相手でも無理がある。「○○だけはしないで」と願うことは、しっかりと具体的な理由を伝えられるようになろう。

# 「もう少し続けてみたら?」

かすみそう(東京/弟2人・妹)

小学生のときに、ピアノを習い始めました。

始めたきっかけが、自分で「やりたい!」と言ったのか、母から「ピアノを習ってみる?」と言われたのかは、覚えていません。

毎週1回30分のレッスンは、小学生の私にとっては少し憂鬱で、心の中で「やめたいな……」と思っていました。

5年生になったとき、母に「ピアノをやめたい」と話してみました。

すると、母からは「もう少し頑張ってみたら？」と言われました。

その後も、相談するたびに、「もう少し続けてみたら？」と言われていました。

「やめたい」と言うことには勇気が必要で、思い切って言っていたのですが、母からの返事はいつも「もう少し頑張ってみたら？」「もう少し続けてみたら？」でした。


母は私に〝ピアノを楽しく続けてほしい〟と思っていたのかもしれません。

でも私は、楽しさよりも、〝とりあえずもう少し続けるしかないか……〟という気持ちでした。


母は、ひとつのことを続ける大切さや、続けることで得られるものを私に体感させたかったのかもしれません。今の私には、〝続けることの大切さ〟が身についているように思います。

それはよいことでもありますが、それだけではないとも感じています。


先日子どもが習い事をやめたいと言ったときに、当時の母と同じように、「どうしたらこの子は習い事を続けようと思うかな？」と無意識に考えている自分がいました。

## 解説

これは私も母に言われてきた口ぐせだ。

**大人から言われる「もう少し続けてみたら?」は、「やめちゃダメ」「続けなさい」の意味でしかない。**

私は幼稚園から高校まで剣道一筋だった。〝ひとつのことを続けることで得られるものがある〟を信念としていた母は、剣道をやめることを許さなかった。もちろん、長く続けたからこそ得られたことも多く、中には今でも心の支えになっているものもある。人生の師匠と言える人とも、続けたからこそ出会えた。

ただ高校卒業とともに剣道をやめて以降、私は剣道から距離をとっている。剣道は好きなことではなく、己を強くするための修行であり、どこかでずっと〝親を喜ばせるもの〟だった。何度か勇気を出して「バスケがやりたい」と言ったことがあったが「あなたがやりたいと言って自分で選んだんだから続けなさい」と言われた。自分で選んだと言われても……子どもの気持ちなんてコロコロ変わるものだ。

多くの優秀なアスリートは、幼少期に自分が興味を持ったスポーツをすべてやり、その中から種目を選んでいるという話もある。その方が好きな種目を長く続けられるらしい。当時、私の母にはそんな考えはなかったが、もしこの情報を知ったら母の信念も更新され、私にもバスケ部でキャーキャー言われる人生もあったのかもしれないと、たまに本気で思う（私は男子校剣道部出身）。

最近、ずっとサッカーをやってきた息子が「卓球もやりたい」と言ってきた。ふと、私の母のように「サッカーだけに専念しないと、もっとうまくなれないよ」と言いかけてしまった。

そこをグッとこらえて、「やりたいことを全部やれ！」と言えた自分を褒めてあげたい。

# 「心配だから」

みにうさ（神奈川／弟）

子どもの頃から両親に過保護に育てられ、高校生のときは、

「定期を落とすと心配だから、1ヵ月単位で買いなさい」

と言われ、社会人になると、

「帰りが遅いと心配だから、タクシーで帰ってきなさい」

などと言われてきました。


私は「心配されている＝愛されている」と感じていて、そこに何の疑問も持たずに社会人まで過ごしてきましたが、今思えばいろいろなことを「心配だから」と止められてきた

ので、経験することをできずにきてしまったように思えます。

大人になった今でも、何かと心配症になってしまう自分がいて、コントロールされてしまう怖い言葉だなと感じています。

## 解説

私は大学3年のとき1年間休学し、アメリカに語学留学することを決めたのだが、親は何も言わず送り出してくれた。それを剣道の恩師に伝えるとこう言った。「お前の親を尊敬するよ。特にお前みたいな自由奔放な人間が、一人でアメリカに行くなんて俺なら心配でしかない」と。その時はピンとこなかった言葉だが、親になって恩師の気持ちがよくわかる。

子どものことを信頼していなければ、簡単に応援できることではない。しかも、語学留学という名のアメリカ放浪旅だったので、両親は、私を本当に信頼してくれていたのだと思う。実際、危険な誘惑も、ヒヤリとする出来事もたくさんあった1年だった。危険な誘惑に負ける若者も目の前でたくさん見てきたから、大人になってから両親に「あのとき、心配じゃなかったの?」と聞いたところ、「あなたの根っこは、誰よりも真面目なのを私たちはわかってたから、全然」と言ってくれた。

**過度な心配は〝信頼していない〟というメッセージのみならず、子どもを深いところでよく見て、理解していないという言動にもなる。**

私が子育てコミュニケーションの大切さを伝え続けているのは、そんな親への感謝と、恩返しなのかもしれない。

## 「いつもあなたの幸せを願っている」

ろーず（大阪／兄）

母はいつも愛情深く、

「いつもあなたの幸せを願っている」

と言ってくれました。

この言葉に守られていたおかげで、子どもの頃は、家に帰るなりランドセルを置いてすぐに外へ飛び出して、友達と日が暮れるまで思い切り遊び、心身ともに伸び伸び育ったと感じています。でも、この言葉が繰り返されることで、マイナスの影響にもなっていることに気がつきました。

20代の頃、私はある方との結婚を考えるようになりました。でもそのときに、母の「幸せな結婚」という基準が頭をよぎり、母の心配そうな顔を想像すると、その話を打ち明けるのも苦痛になっていました。

母が娘に望む「幸せな結婚」を考えたときに、この結婚は違うのかもしれないと悩みはじめ、最終的には、その関係を終えるという決断をしました。

私の人生の大切な選択なのに、どこか縛られ自由でない自分を感じました。

自分の望むことを思うままに貫くことができなくても、新たな出会いで幸せはいくらでも生み出せることも知りましたが、それ以上に、人生の大切な選択は自分の心に従っていたいものです。

母の言葉が、どれほど自分に大きく影響しているかを実感しました。

母となった今、私は自分の子どもたちに「幸せ」という言葉をほとんど使いません。

代わりに「あなたなら大丈夫」という言葉をよく使っていますが、この言葉も繰り返し使うと「悪魔」になってしまうかもしれません。

## 解説

「幸せを願っている」ですら、使い方を誤ると子育てにおいて「悪魔の口ぐせ」になってしまうのが、実に興味深いところだ。これだから、よりよい親子関係のための「悪魔の口ぐせ」の探究はやめられない。

この言葉が悪魔化する理由ははっきりしている。「幸せ」という言葉ほど、曖昧かつ厄介な言葉はないからだ。なぜ厄介なのかと言うと、「幸せ」という言葉は、本来、存在しないものだからだ。**「幸せ」は、不幸（幸せじゃない）と感じる人が生み出した言葉であり、本来、幸せな人は「幸せ」とは言わない**ってこと。だから、「幸せになりたい」といった言葉は、裏を返すと（私は幸せではない）と無意識に言い聞かせていることにもなる。

そんな理由もあって「幸せ」という言葉は、使えば使うほど余計に曖昧になり、人を困らせてしまうわけだ。

ここまで読んでくれたあなたならもうわかると思うが、「あなたなら大丈夫！」も、扱い方によっては天使にも悪魔にもなる口ぐせだよね。

# おわりに

本書では、私が代表を務めるマザーズコーチングスクールの認定資格者から集めた、実際に子どもの頃に親や身近な大人に言われていた、今でも心のどこかに棘のように刺さっている言葉を「悪魔の口ぐせ」として紹介してきました。

ここまで読み終え「じゃあ、どうすればよかったの？」と思う面もまだまだあると思います。

この本でお伝えしたかったことは、**親の発言に〝正解はないけど、不正解はある〟ということ**です。

子どもとの関わりも、友人や職場の人と同じように、自分とは違う一人の人間として何気ない言動に気をつけていくことが、子育てをする上ではとても大切なのです。

最近では、やたら科学的根拠という言葉が乱用され、科学だけでは証明しきれない人間関係やコミュニケーションにまで正解を求める人が増えているように感じます。

小手先の「正しい（と思われがちな）声かけ」に振り回されず、まずは自分自身の「在り方（思い込みや決めつけ）」から見直すことがとても大切なのではないでしょうか。

何事も良し悪しなどを決めつけることなく、自分が理解できないことにも興味を持ち接していくこと。

私も、私の周りのマザーズコーチングスクール認定資格者もそうですが、みんな日々、トライアンドエラーの繰り返しです。

どんなにコミュニケーションを学んでいても、子どもとの毎日は面白いほどうまくいかないことばかりです。

けれど、（どうすればもっと伝わったかな……）（あの言葉が余計だったのかな……）などと、常に反省し、素直に謝り改善していく努力の積み重ねをしていることが、子育てコミュニケーションにおいて、唯一の正解なのではないかと私は考えています。

これからの時代、右脳（知識や言語）は、ＡＩの方が遥かに人間を上回ります。
間違いなく、これまでの教育も大きく変わります。

私も、今以上に、未来が見えなくなった感覚を覚えたことがありません。

ただ、心と心のつながりの価値、大切さだけはどんな時代も変わらないはずです。
こんな時代だからこそ「信頼」の価値もニーズも高まります。
親子で築いた信頼関係が、何よりも価値のある財産になると私は確信しています。

「あの言い方はまずかったかもな……もう言わないようにしよう」
そんな気づきを、この本を通じて届けることができていたら何よりです。

匿名とは言え、自分の育った家庭内の「悪魔の口ぐせ」を公表することは、決して心地いいことではなかったと思います。これだけの数の口ぐせを紹介することができたのは、協力してくださった認定資格者のみなさんのメタ認知能力が高く、真摯にコミュニケーションに向き合っている証だと感じます。

マザーズコーチングスクールには、そういう方が集まってくださっていることを、心から誇りに思います。みなさん本当にありがとうございました！

同時に「今でも笑顔になれる、思い出深い親の口ぐせ」というのもお聞きしました。みなさんには本書を笑顔で読み終えてもらいたいので、最後にいくつか紹介させてください。

「お茶飲む？　紅茶にする？（勉強部屋へ誘導）」
「『つら〜しぬ〜』母『生きる生きる生きる！』」
「コンパスでくるっと書ける美しい丸顔ね」

「またまた、何をおっしゃるうさぎさん」

「おなかすいた！　ほっぺ食べさせて！」

「なら歌おう、世界平和のために」

「パパってかっこよすぎるよな……」

「『あっ！　痛っ！（開いた）』　父『閉めとけ！』」

「（おならに対して）何かおとしましたよっ、お嬢さん」

「スットコドッコイ！」


よく意味はわからなくても（失礼！）、一緒にほほ笑んでいる親子の様子が思い浮かびます。

子どもって、こういう親との何気ない笑いが大好きで、よく覚えているんですよね。

今回は「悪魔の口ぐせ」を取り上げましたが、今でも心のお守りになっている「天使の口ぐせ」もたくさんあるでしょう。それはまたの機会にたくさん集めて紹介できればと思います。

最後に、本書は、本をこよなく愛し、出版の仕事をしている姉の力も借りて執筆しました。

互いに親となった今、親の大変さ、尊さを感じながら、親孝行にもなる。かけがえのない経験となりました。

マザーズコーチングスクールの認定資格者のみなさん、出版する機会をくださったあさ出版のみなさま、ともにマザーズコーチングスクールを立ち上げ、12年以上守り続け、執筆も助けてくれた事務局の長峰さん、プロジェクトチームのみなさん、心からありがとうございました。

姉もね。

馬場啓介

# 口ぐせ索引

**著者紹介**

## 馬場啓介（ばば・けいすけ）

マザーズコーチングスクール代表／トラストコーチングスクール代表
1980年、鹿児島生まれ。法政大学法学部卒。米国留学後、外資系人材サービス会社を経て株式会社コーチ・エィ入社。トップトレーナーとして国際コーチング連盟の試験官も務める。2009年、トラストコーチングを設立。経済産業省や大手企業の人材育成担当を務める傍ら、「誰もがコミュニケーションを学ぶ文化を創る」をミッションに、国内外に累計約5000名の認定コーチを育成している。また、コーチングを取り入れたコミュニケーションプログラムを導入しての幼児教育も手がけ、全国の教育委員会の後援を受け、「いじめ」や子どもの「孤独」などをテーマにした講演などで、コミュニケーションの重要性を伝える活動に力を入れている。二児の父。

編集協力　須藤 愛、長峰 由紀子
宇都宮 亜紀、梅原 彩、高橋 美香
マザーズ出版プロジェクトメンバー

**親《おや》に知《し》っておいてほしかった「悪魔《あくま》の口《くち》ぐせ」**
**“何気《なにげ》ないひとこと”で子《こ》どもに一生残《いっしょうのこ》る傷《きず》をつけないために**　〈検印省略〉

2025年　1　月　30　日　第　1　刷発行

著　者――馬場 啓介（ばば・けいすけ）
発行者――田賀井 弘毅
発行所――株式会社あさ出版
〒171-0022 東京都豊島区南池袋 2-9-9 第一池袋ホワイトビル 6F
電　話　03 (3983) 3225 (販売)
03 (3983) 3227 (編集)
ＦＡＸ　03 (3983) 3226
ＵＲＬ　http://www.asa21.com/
E-mail　info@asa21.com
印刷・製本 （株）シナノ

note　http://note.com/asapublishing/
facebook　http://www.facebook.com/asapublishing
X　https://x.com/asapublishing


ISBN978-4-86667-725-5 C0077